監修者まえがき

　本書は臨床心理学を学んでいる大学院修士課程、博士課程の大学院生、学位を取ろうと頑張っている博士課程修了者の研究生、これから大学院に進学しようとしている学部生たちにぜひ読んでいただきたい。また、大学で臨床心理学を教えている教員の方々にも読んでいただきたい。学生がどんなことで悩んでいるのか、何に関心があるのか、どうサポートすればいいのかヒントをたくさん得られると思う。また、監修者の私への批判やそれぞれの方の指導の特徴が明確になり、参考になると思う。

　本書は、教員の目線からではなく大学院生の目線からのユニークな臨床心理学の学び方の入門書である。臨床心理学の概論書ではない。"学び方"の入門書である。どう学びを進めていけばいいのか、執筆者がそれぞれの体験を振り返りながら、自分が拓いてきた道筋を紹介している。その特徴を監修者の視点から述べておきたい。

① 執筆者自身の体験から臨床心理学の学びの在り方を学ぶことができる。難しくてわかりにくい新しい領域、自分が知らない専門領域について学ぶ一番の方法は、その道の名人たちの自伝を読むことである。ロジャーズ、フロイト、ユングなどの自伝が日本語で読めるが、本書は、そうしたスーパースターではなく、日本の現場で、日本の大学で育った心理臨床をこれから拓いていく若手研究者・実践家によるものである。未知との遭遇にあふれていてスリリングであり、実におもしろい。

② 若い研究者・実践家が臨床心理学を学んでいく旅のプロセスが書いて

ある。本書は、執筆者各人の研究・実践という世界を探索する旅行記にたとえられるであろう。研究と実践を身に着けていく旅は、きっと読者を満足させるに違いない。旅先で出会った様々な人や先人、先輩から何を、どのように学んで成長したかを共感しながら読み取ることができる。読者は、「私ならばこうするだろう」と自分の目線で読み進めることで、多くのヒントを得られるだろう。

③ **多様な背景を持って育った執筆陣が集まっている。**執筆者は全員、村山研究室の出身者である。しかし幸いなことに、村山研究室の学生の出身母体は多様である。執筆者の中には、看護師や、物理学、考古学を専攻してきた人がいる。地域も沖縄、愛媛、岡山、大阪、京都など全国から集まっている。だから、読者は退屈しないだろうと思う。読者は誰の旅行記から読み始めてもよい。

④ **現代の臨床心理学の研究・実践の最前線を歩いて、眺めることができる。**例えば、事例研究、エビデンス、統計、リサーチパートナーといった臨床心理学がぶつかっている方法論の問題を、執筆者が一人称でわかりやすく語っているから実におもしろい。また、統計嫌いに語る統計の重要性と事実の大切さとか、高齢者のための集団回想描画法の開発、沖縄の戦争体験者の面接調査とリサーチパートナーとしての共創モデルの構築、児童養護施設における心理職の役割調査など、執筆者自身が行った最先端の研究と実践が紹介されている。これは、それぞれの執筆者が自分の関心に従って開拓してきたテーマやフィールドが図らずも現代の臨床心理学の最前線の課題にたどり着いていることを知り、驚きとともに「鉱脈探し」の重要性を感じさせるものがある。

⑤ **研究や実践が極めて人間的な、人間くさい日常的な活動であること**

がわかり、読者の大きな刺激になる。研究や実践は、厳しいがわくわくする体験であり、自分と向き合う過程であることが理解できるであろう。いたるところに出会いがあり、喜びがある。行き詰まりや絶望もあるが、それらを乗り切る支援があるし、新しい気づきがある。こうしたこころの動きが新しいエンジンとなって発展していくダイナミズムを感じ取っていただけると思う。

⑥ **監修者も特別寄稿という形で論文を書いている**。最終章には、監修者がやはり一人の人間として、長年行ってきた研究と実践、教育者としてのプロセスを記述して寄稿した。執筆者と同じ目線で書いたつもりである。

このような本が企画され、そこへ監修と寄稿というお役をいただいたことは、教師として大変名誉でうれしいことであることを記して、監修者まえがきと推薦の辞としたい。

2015年4月

村山正治

編者まえがき

　『心理臨床の学び方――鉱脈を探す、体験を深める』という書名を見て、この本を手に取ってくださったあなたは、今、この本からどのようなことを学びたいと思っておられるでしょうか。もし、この本に心理臨床の学びを劇的に進める"コツ"のようなものが書いてあることを期待されている方がおられるとしたら、この本を最後まで読んでもそうした"コツ"は手に入らないということをお断りしておく必要があります。

　私たちは、この本を手に取られた方に、心理臨床を学ぶ際に「何を」「どのように」学べばよいかについての、明確な内容や方法をお伝えすることではなく、それぞれの方が自分の"学び方"に目を向け、臨床や研究に向き合うきっかけとしていただくことをイメージしながら本を書き進めてきました。この本に書かれているのは、執筆者である私たち自身がどのように心理臨床の学びを進めてきたのか、深めてきたのかという学びの旅の軌跡です。

　この本は、心理臨床を学ぼうとしているあなたが経験するであろうプロセスに沿って、「出会う」「育む」「深める」「発信する」という4部から構成されています。

　第Ⅰ部「出会う」では、心理臨床を学び始めたときの高揚感と不安、そうした中で自分なりのリソースや強みを見つけていくことの大切さなど、私たちが心理臨床にどのようにして出会い、どのようにして学びの歩みを進めてきたかについて書かれています。

　第Ⅱ部「育む」では、自分が出会った臨床のテーマやリサーチクエスチョンをどのようにして臨床実践や研究に広げていくのかということについて述べられています。臨床を通じて出会う人や臨床の場、事柄を"対象"

にするのではなく、それらと共に創ることで心理臨床の学びが育まれてきたことが書かれています。

　第Ⅲ部「深める」では、そうして育まれてきた臨床や研究の芽を、エビデンスやオリジナリティを意識しながら深める楽しさと苦しさについて書かれています。ここでは、その方法の一つとして、研究者としてはもちろん、臨床家としても避けては通れない、心理統計との付き合い方についても触れてみました。

　第Ⅳ部「発信する」では、自分の中で深められてきた臨床や研究を形にするということについて書かれています。心理臨床を学ぶ過程では、「発信したい」こともあるでしょうし、「発信しなければならない」こともあるでしょう。臨床や研究を発信するということはいったいどのようなことなのかについて考えてみました。

　そもそも、心理臨床を学ぶ際の"学び方"とはいったいどのようなものなのでしょうか。理論や技法を学ぶときには、系統立って整理された知識や技術を学ぶ"学び方"があるかもしれません。しかし、臨床と研究が密接に関連し合い、臨床家としてのトレーニングと研究者としてのトレーニングが重なり合いながら進んでいく心理臨床の学びの過程では、他の誰かが構築した"学び方"が他の人にとって最善の"学び方"になる保証はありません。なぜなら、心理臨床を学ぶということは、その人の在り方 (presence) と深く関わるものであるからです。

　大学、大学院を出て、他の大学で学んできた人や異なった理論を学んできた人の話を聞いていると、心理臨床の学び方はその人によってずいぶんと違っているということに気づかされます。しかし、その違いは、どちらが優れているかという物差しを当てられるようなものではありません。少しだけ、私自身の体験を紹介したいと思います。

　私は、幸いにも大学院修士課程のときに、行動療法、精神分析、パーソン・センタード・アプローチ (Person Centered Approach: PCA) の3つの理論の大家と言われる先生方からそれぞれの理論や臨床を学ぶ機会をいただ

きました。当然、それぞれの先生が語られる臨床や研究はずいぶん異なっていました。しかし、それは臨床や研究を語られるときだけではなく、日常の何気ないやりとりでもそうであったことがとても強く印象に残っています。行動療法の先生は、理論的で、学生のことをよく観察されていました。学生を包み込むような優しさを持っておられた先生で、いろいろなことについての説明を大切にされていたことを思い出します。精神分析の先生は、とても鋭いのですが、先生が伝えてくださる言葉はとてもわかりやすく、すっと腑に落ちるようなことが多かったことを覚えています。最初はよくわからなくても、改めて自分の中でその言葉を繰り返し味わっていると、だんだんその意味が自分なりに理解できるようなことがありました。PCAの先生は、最も先生らしくなく、いつも学生と一緒になって学ぼうとされる方でした。ゼミなどをやっていると誰が先生なのかよくわからなくなってしまうこともありましたが、なぜかみんなが自由に表現できる空間になっていきました。こうした先生方の姿を見ていると、講義で話をされる心理臨床の理論や技法と、日々の先生方の言動が違和感なく、連続したものであることに気づかされました。心理臨床の学びを進めるということは、このように臨床と研究がその人の在り方として統合されていくということなのだろうと思います。

　では、どのようにしたら臨床と研究がその人の在り方として統合されていくような学びが進んでいくのでしょうか。この本の副題にあるように、心理臨床を学ぶとき、私たちが大切だと考えているのは、その人にとっての鉱脈を探すことであり、その人自身の体験を深めることです。"鉱脈"とは、多くの時間とエネルギーを費やすことができるような、その人にとっての臨床や研究のテーマで、どこに"鉱脈"があるのかは人によって異なります。この本を読み進めていただけると、それぞれの章の執筆者にとっての"鉱脈"がどのようなものであるかについては理解していただけると思います。この"鉱脈"を探すためには、その人の中にある興味や関心、あるいは興味や関心とは言えなくても、なぜか気になる、心に引っか

かるというようなその人自身の体験を深めることが必要です。また、見つけた"鉱脈"から輝く鉱石を掘り出していくときにもその人自身の体験を深めることが必要になります。さらに言うと、自分にとっての"鉱脈"はこれだと思っても、時を重ね体験を深めていくとやっぱり違うものだったりします。鉱脈を探すこと、体験を深めることを繰り返し、重ねていくことによって徐々にその人にとっての心理臨床の学びが深まっていくのだと思います。各章では、それぞれの執筆者が重要だと考えていた、あるいは周りから見ていて、この人はこういうところにこだわってきたよね、というテーマを切り口にして、鉱脈を探す、体験を深めるということを述べています。

　この本が、心理臨床を学ぼうとするあなた、あるいは学んでいるあなたの心理臨床を学ぶ旅の一助となれば幸いです。

2015年3月

井出智博

目次

監修者まえがき i
編者まえがき iv

第Ⅰ部　出会う

第1章　臨床心理学を学ぶ場との出会い 5
第2章　自分を支える資源 21
　　　　──共に学ぶ仲間の存在

第Ⅱ部　育む

第3章　臨床研究における方法論をめぐって 43
　　　　──「共創」という視点
第4章　実践の中からいかに新しい技法を作っていくか 65

第Ⅲ部　深める

第5章　研究と臨床の関係性 83
　　　　──臨床に基づいたエビデンスを求めて
第6章　臨床と研究におけるオリジナリティ 103
　　　　──独創性と普遍性のせめぎ合い
第7章　臨床家はどうして統計が嫌いなのか 121
　　　　──統計嫌いのあなたへ

第Ⅳ部　発信する

第8章　臨床と研究の本質を論文化するプロセス ……………… 147
　　　　──研究テーマの構築

第9章　臨床論文を執筆すること・発表することの意味 ……… 169
　　　　──自分にとってその体験はどんな意味があったのか

〈特別寄稿〉
大学院生の指導・養成・訓練のための
自己実現モデルの展開 ……………………………………………… 189

編者あとがき ………………………………………………………… 205

心理臨床の学び方

鉱脈を探す、体験を深める

第Ⅰ部

出会う

第1章
臨床心理学を学ぶ場との出会い

木村太一

1. はじめに

　カウンセラーは心理臨床活動の中で様々なクライエントに出会う。そして、クライエントの人生の一片に深く関わることもある。その関わりを通してクライエントに寄り添い、支えを提供する仕事である。また、カウンセラー自身の人生の歩み、成長は、そのクライエントとの関係に少なからず影響を与える。自分自身の人生の中で臨床心理学との出会いや学び、カウンセラーとしての歩みはどのように位置づけられ、意味を持つのだろうか。

　本書は、心理臨床家となることを目指し、学ぼうという大学生や大学院生に向けた本である。臨床心理学を志したきっかけや出会いは人それぞれであろうが、「初心」や「共に学ぶ仲間」はその人がカウンセラーとして成長していく過程で、また現場に出てからも重要になるだろう。本章は、私が臨床心理学に出会い、師匠・仲間との学びを通してカウンセラーとして成長していく一つの生育記である。私は、大学時代は理学部に在籍して心理学とはまったく縁のない世界に生きていた。理学部生だった私がどのようにして臨床心理学に出会い、そして大学院に入っていったのかを中心に紹介する。歩んできた道のりを振り返ると、不思議な偶然の重なりと貴重な出会いに気づく。

第 I 部　出会う

　私は臨床心理学を志して十数年であり、ベテランではないし著名なカウンセラーでもない。そのような私個人の体験を語ることがどのような学び、栄養になっていくかはわからないが、何か響くものがあればと願っている。

2. 臨床心理学との出会いと育ち
(1) 物理学を学んでいた学部時代
　大学時代はA大学理学部で物理学を学んでいた。高校時代からずっと理系である。実は中学生の頃、理科、数学、英語の成績がほどほどで、国語が苦手だったから理系クラスに入った、という単純な理由だった。そして私の場合は、理系科目の成績がまあまあなので「自分は理系なのだ」ということに疑いがなかった。それが大学に入ってひっくり返った。大学の数学や物理学にはまったく歯が立たないのだ。私は、いくら努力しても歯が立たない学問がある、ということを身に染みて感じた。本来の学問と受験勉強との圧倒的なスケールの違いをやっと実感した。これは今、振り返ると幸せな体験だった。「お釈迦様の手のひらだとわかった孫悟空」のような体験かもしれない。
　その後、大学4年生から研究室に配属され、先輩の院生や先生方から実験指導をしてもらうようになって、物理学＝歯が立たない、という印象は少しずつ変わっていったが、私にとって物理学は今でも畏敬の念を抱く学問である。

(2) 仲間の存在、学外の経験
　学業では半ば落ちこぼれていたが、大学生活は迷い続けながらも充実していたと思う。仲間との音楽バンドに情熱を注ぎ、深夜のアルバイトは社会の様々な側面を知るきっかけとなった。深夜のレストランでよく働いていたが、浅い、深いといろいろな人と接した。大学生、フリーター、水商売、暴走族、外国人労働者、社会には様々な人がいる。社会、人の能力は

平等ではなく、報われない体験や願いがいくらでもあることを大学の外で少しずつ知ることになった。深夜のアルバイトで一緒に働いていた少し年上のフリーターの女性は急性の病気で亡くなった。とにかく働き続け、体調を崩してからは急激に悪くなってしまった。彼女とは、店に来る大変な客に苦労させられた戦友だったが、フリーター生活の苦しさやささやかな未来への希望をよく深夜に話し合った。この別れの体験は、生きることは「きれいごと」ではまとめられない、という厳しい学びを残した。私が臨床心理学を志したルーツの一つである。

　後に私は学生相談室のカウンセラーになって、学生が自分自身や生き方を見つけようと苦労する姿に接するようになった。大学生活に疲れ、仲間関係の中で傷つきながらも、生き方を模索しようとする学生たちにカウンセラーとして寄り添うことができたとき、私はこの仕事に導かれてきたように感じる。一方、自分自身の学生時代を振り返ると、私自身も自分の生きる道を見つけようと必死だった。私の大学生活は仲間の存在が大きかった。幸いなことに仲間に恵まれ、理学部だけでなく法学部や教育学部の友達とよく語り合った。よく酒を飲み、夜通し、次の日の昼くらいまで議論したり音楽を聴いたりしていた。振り返ってみると、このままでいいのか、という漠然とした不安や迷いもあったのだと思う。それにしても夜通し付き合ってくれた仲間には本当に感謝している。何を話したかはアルコールの彼方に霞んでいるが、何かを共有していた。今でも大学の仲間に会えば、話した内容よりも温かい実感と二日酔いが残るのがおもしろい。

　そういえば、学部時代はいろいろな専攻の人と交流があって楽しかったが、心理学を専攻している友人は一人もいなかった。文学や心理学の世界を共有できる友人もほとんどいなかった。それが逆に自分の世界を深めるのによかったのかもしれない。私はその世界では一人ぼっちの「オンリーワン」だったが、誰と競争する必要もなく、期限も責任もなくのびのびしていた。

第 I 部　出会う

(3) 古典文学から河合隼雄の世界へ

　この時期、よく小説を読んでいた。ヘッセ、ドストエフスキー、トルストイ、ヘミングウェイ、文豪の古典文学である。物語に引き込まれて読んでいたのだが、物理学やバンド活動では得られない何かを求めていたのかもしれない。とにかく片っ端から乱読していた。今はロシア文学をこの時期のように没頭して読むエネルギーも時間もない。行く当てのないエネルギーが古典文学に向かっていたのだろう。ヘッセの『デミアン』や『春の嵐』を改めて読むと、その頃の印象とはかなり違う。学生時代は、主人公の心の動きに強く動かされたが、今はむしろそれを描くヘッセの繊細さや芸術性に気づかされる。あの頃は春の嵐の真っただ中にいた、そして季節はゆっくり移っていった、そういうことだろう。

　そんな頃、偶然に河合隼雄著『昔話の深層』(河合, 1977) に出会った。大学3年生の夏休みに京都の実家に帰り、眠れないので何か読もうかと枕の横にあった本棚を見ているとそれがあった。たぶん母親の本である。私の両親は高校教師だったが、河合隼雄や臨床心理学の本を何冊か持っていた。そういえば、高校生の頃、母親が「臨床心理士という資格があるよ」と何度か教えてくれたが当時はまったく興味がなかった。それから3年後、大学3年生で偶然出会った『昔話の深層』が生き方を大きく変えるとは、やはり人生は不思議である。出会いには時期が大切なのだろう。『昔話の深層』がおもしろかったので、他の本にも手を伸ばしてみた。『生と死の接点』『ユング心理学と仏教』『日本文化のゆくえ』と読み進め、河合隼雄の深い人間理解の世界に引き込まれていった。おそらく、河合隼雄、ユングの柔軟な科学論にまず強烈なショックを受けたことと、難解な人間存在をわかりやすく、しかも深く説得されたことに引き込まれていったのだと思う。それは、物理学に対して抱いていた印象とは対照的だった。

(4) 臨床心理学への立志と迷い

　大学3年生の後半から臨床心理学についていろいろと調べ始めた。特に

「こころの科学」増刊の『臨床心理士入門　大学編』(大塚，1999) から多くを学んだ。臨床心理士の創設に携わった先生方が、臨床心理士は社会的にどういう役割を求められているのか、これから進む方向性、可能性はどういうものか、などについて詳しく展望している。そうして、私は臨床心理士という資格を取ってそれを職業として生きていくことを本気で考えるようになった。もちろん迷った。一番の迷いは、物理学のスケールの大きさに圧倒された体験を臨床心理学でも同じように体験して、結局挫折するのではないか、ということだった。いろいろと迷いながらも、実際に臨床心理士に会ってみて、それからまた迷おう、という考えに至り、大学4年生の6月に学生相談室を訪ねてみた。2回のカウンセリングの中で、臨床心理学の大学院に進むか物理の大学院に進むか、という迷いや、まったく違う専門から臨床心理士になれるかなどを話題にしたように思う。クライエントとしての体験はトライアルカウンセリングを除けばこの2回だけだが、なぜかこのカウンセリングはあまり思い出せない。しかし、2回のカウンセリングで「何とかなりそうだ」という手ごたえと、「腹をくくった感じ」を得た。自分では気づいていなかったが、カウンセリングを受ける前から結論は決まっていたのだろう。しかし、一度カウンセラーに会ってみないと決められなかったのかもしれない。カウンセラーはそれを感じ取ったのだろう、静かに話を聞いてくれた。

　この時期、物理の研究室の指導教員や学生相談室のカウンセラー、家族にも相談した。そして、誰も反対しなかったが積極的に賛成もしなかった。自分で決めたことを一生懸命やりなさい、というスタンスだったように思う。友人、先輩もそうだった。これには今でも本当に感謝している。

　ある物理学の教授を思い出す。その先生の講義は特に難解で評価が厳しかった。2コマ連続の専門必修科目で、毎年、半分以上の学生が再履修になる、というすごい講義だった。出席点なし、中間・期末試験の点数だけで評価が決まる。結果がすべてなのだ。私はこの講義を2年生、3年生で落として4年生前期まで持ち越した。毎回出席してしっかり勉強してもダ

第 I 部　出会う

メで、3回目の4年生では本当に頑張った。同級生に秀才がいて、その友達に基礎から教えてもらった。彼は現在、物理学者として最前線で活躍している。私は楽観的で調子に乗りやすい性格だが、この講義は「結果がすべて」で、この単位を取らないと臨床心理学どころではないことはさすがの私でもよくわかっていた。期末試験が終わって結果が待ちきれず、先生の研究室を恐る恐る訪ねた。すると、「試験はよくできている。優か良だね」ということだった。そして「君は、卒業したら大学院に行くのか」と聞かれたので「心理学の大学院に進んでカウンセラーになろうと思っています」と正直に答えた。私はこれを言うことに勇気が必要だった。そのときの先生の言葉は今でもよく覚えている。「私の授業の単位を取ったことは誇りに思っていい。その努力ができればどの世界に行っても大丈夫だ。自信を持って進めばいい」と言っていただいた。「自分の選んだ道を進むことの大切さ、厳しさ」、そして「学問は甘くはない」ということ、これはずっと私のテーマであり、大切にしていることである。強いポジティブメッセージと同時に学問の厳しさも教えていただいた。ちなみに、この講義の評価は「優」ではなく「良」だった。甘くないのだ。

　こうやって振り返ってみると、大学4年生前半に重要なエピソードが集中していたことに気づく。学生相談室を訪ねたのは4年生の6月、バイト仲間との死別は7月、上述の先生とのエピソードも7月である。この年、2001年9月11日にはアメリカで同時多発テロが起こった。遠い世界の出来事だったが、不安定な世界情勢、アフガニスタンやイラクの惨状が連日伝えられてきた。世の中が暗い空気にある中、私自身は臨床心理士を目指そうと腹をくくったものの、私の生きる道は依然、靄に包まれていた。

(5) 大学院浪人時代

　私は理学部卒業後、1年間、教育学部心理学コースの研究生になった。学部の授業を聴講していたが、教育学部との個人的な関わりはほとんどなかった。その代わり卒業したのに物理科の研究室に出入りして、24時間

第1章　臨床心理学を学ぶ場との出会い

いつでも部屋を使わせてもらっていた。理学部にはそういう自由でおおらかな空気があって好きだった。時間が前後するが、物理科学科では4年生から研究室（ゼミ）に配属され、毎日研究室で先輩の院生たちと過ごす。私の配属先は実験系の研究室だったので、特に4年生と院生はずっと大学に入り浸っていた。2日に1回しか自宅に帰らない人や夕方に来て朝方に帰るような変わった人もいた。しかし「実験屋」としてのプロ意識、というか集中力、熱意、瞬発力はすさまじかった。私も大学4年生の後半はその実験チームの見習いとして熱中して卒業研究を仕上げた。振り返って感謝するのは、私はこのとき、すでに臨床心理学の道に進むことを決めていて周りにもそのことを伝えていたが、指導教員も先輩の院生も一切、指導の手を抜かなかった。大学院に進学する他の4年生と区別なく熱心に鍛えられた。研究室の高度な専門性と自由な空気、個性的な人たちが思い出される。

そして、大学院浪人していた研究生時代は図書館に通い詰めて大学院試験の勉強をしていた。この時期の私は、一緒に勉強する仲間がいない、情報が入りにくい、という点では孤独な浪人生であったが、集中的に心理学の書物に向き合う時期でもあった。また、初めて本格的に心理学の授業を受けて、新鮮な刺激もあった。学部の講義「臨床心理学」「心理学実験法」「統計学」「知覚心理学」など、習ったばかりの知識を理学部の友達や先輩に得意気に話していた。

臨床心理学の初歩の勉強では、河合隼雄監修『臨床心理学』全5巻（河合, 1991-1995）を何度も読んでいた。この大著は、今、読んでも難解な部分が多く、当時の私が半分も理解していたかわからない。そもそも大学院試験の成績にはあまり関係のないものだったが、とにかく没頭していた。今から振り返ると、この勉強はよかった。受験勉強としては効率的ではないが、現在のカウンセラーとしての「芯」になっているように思う。臨床心理学は、人間の生きている様々な背景、文化や宗教、歴史につながっている。そして生きることの悲しみや苦しみ、楽しみを深く研究する学問である。

難しくてわからないところは当然あったが、そのような理解を得ることができた。これから生きていく人生何十年を考えると途方もなく漠然とした感覚だったが、臨床心理学とともに生きていくということが何となくしっくりくるようになっていた。

　図書館の勉強では、「これをもっと深く学びたい」という熱望、感動が何度もあったような気がする。現在の心理学専攻の学生は様々な情報を素早くキャッチでき、豊富な体験学習を学部時代から経験できる。これは素晴らしいことだが、情報が多いということはこのような勉強の仕方はできにくいということかもしれない。学びの中に「これはおもしろい」とか「自分の生き方を考えさせられる」というような刺激がある。それがさらに深く自分の底に響くと、魂が揺さぶられ、心に何かが突き刺さるような体験となることが稀にある。それは講義の中にあるかもしれないし、子どもと遊んでいるときに突然やってくるかもしれない。そういう体験が大切だと思う。私の場合、初めは一人で耽る読書の中でそれを見つけ、その背景には迷い続ける大学生活があった。

　そして『臨床心理学』第1巻の中でロジャーズ理論を初めて知り、それを著した村山正治との出会いが私の生き方を大きく変えていった。

(6) パーソン・センタード・アプローチとの出会い

　私はロジャーズ理論――パーソン・センタード・アプローチ（PCA）――を専門に学びたいと思い、村山正治のいるB大学大学院を受験した。現在、自分がPCAを大事にしている理由を言葉に表すと次のようになろう。関係性を重視すること、人の潜在力や成長可能性を大事にすること、多様性や柔軟性の尊重などである。もちろん、それはこれまでの臨床経験や指導教員から学んだこと、大学院のゼミ仲間との経験など様々な学びが絡んでくる。自分の生き方にも深く関わっている。一方、大学生の私がなぜPCAを専門に学びたいと思ったのか、様々な学派の中でなぜPCAに惹かれたのか、それを言葉にすることはなかなか難しい。神田橋條治が「ロ

ジャース・村山・ジェンドリン」というユニークなエッセイで、3人についての鋭い論を展開している（神田橋, 2003）。その中で、「心理学はこころの魔法を解明しようとする営為である」とした上で、「ロジャースは魔法の世界に魅了された」「村山さんは魔法の力を尊重した」と述べている。この言葉を拝借すれば、大学生の私はまさしくこころの魔法に惹かれ、初めはそれを鮮やかに解き明かす河合隼雄の世界に引き込まれた。そこから、解き明かすよりも一人ひとりの魔法を尊重し、力を引き出す心理学に出会った。それがPCAであり村山だったと言えるかもしれない。

　大学院入試にあたって研究計画書を書かないといけないが、私はそれについて相談できる人がほとんどいなかった。見よう見まねで、何とか作成した。PCAについての拙い研究計画書だったが、村山先生には面接試験のときに「おもしろい」とほめていただいた。未熟な点や根本的な問題を指摘されるだろうと身構えていただけにこれには本当に驚いた。うれしくて、大学に帰ってそのことを物理研究室の若い先生に話したら「やっと進んでいきそうやな」と言われた。私の大学院の始まり、臨床心理学を学ぶ第一歩はこの村山先生との出会いだった。長いトンネルから出口の光が少し見えてきた。

(7) 大学院から現場での学び

　村山の教育の特徴は、学生の主体性や問題意識を大事にすることである。そして、「人（学生）の成長」への信頼が徹底している。それらについては著書『ロジャースをめぐって』（村山, 2005）で詳しく論じている。また、本書第2章に川﨑佐加恵が「自分を支える資源――共に学ぶ仲間の存在」というテーマで大学院での体験を考察している。よって、本章では大学院での体験は詳しくは紹介しない。

　今、振り返ってみると、私のカウンセラーとしての乳幼児期――大学院時代――はとても幸せな時間だった。実習や授業などを取りながらも比較的自由な時間がたくさんあり、先輩や同級生の院生とよく語り合い、喧嘩

もした。また、PCAだけでなく精神分析やアセスメントなど多様な学派の先生がおられ、それぞれのご専門の世界を丁寧に教えていただいた。博士課程に進んでからは現場で臨床活動をしながらの大学院生だったので忙しかったが、それでものびのび育ったように思う。

　もちろん、様々な壁にぶつかった。研究が進まず、現場でうまくいかず、自分は心理臨床の仕事には向いていないのではないか、と思ったことは多々あった。しかし、指導教員や院生仲間、また専攻の先生から大切に育てていただいた思いがある。実感としては、大学院の数年間はカウンセラーとしての乳幼児期であり、「基本的信頼感」となっている。

　現場に出てからは、スクールカウンセラーや大学の学生相談室など主に教育領域でカウンセラーをしてきた。東日本大震災があった2011年以降は、派遣カウンセラーとして年に数回現地の小学校でも活動している。実践では、特にスクールカウンセラーでは子どもたちやその家族、学校の先生からの学びがとても大きい。一つエピソードを紹介したい。私は2011年5月、東日本大震災の2か月後に派遣カウンセラーとして被災地の小・中学校で活動していた（木村, 2011）。そこでは子どもの心の柔らかさ、それを見守る先生方の優しい眼差しが強く印象に残っている。忘れられない記憶がある。派遣された小学校には全国からの寄せ書きが壁一面に貼られていた。その中の東北から遠く離れた小学校の1年生が書いたメッセージに目がとまった。ただ一言「ともだちだよ」と書かれていたのである。派遣の期間中、私はカウンセラーとして何とか役に立たなければと気負い、強いプレッシャーの中で活動していた。しかし、この子の書いた純粋で優しいメッセージは、私がカウンセラーとしてこの子のように現地の人々に寄り添うあり方を教えてくれた。寄り添う存在を人（クライエント）が感じることを、今はとても大切にしている。それは一言のメッセージに教えられた。

　もちろんそれ以外にも様々な学びの場がある。大学院から継続していたスーパーヴィジョンも貴重な経験となっている。カウンセラーとして成長

していく過程では、経験を言語化することやそれを仲間と共有していくことが重要である。これらについてはまた別の機会に紹介したい。

3．まとめ

　学部時代から大学院に入っていく頃までを中心に振り返ってきた。自分の学部時代についてきれいに書きすぎてしまったかもしれない。授業中はよく居眠りをしていたし、学外では友達とよく酒を飲んでいた。ぐうたらした生活を送り、決して品行方正な学生ではなかった。いろいろな人に心配や迷惑をかけたと思う。しかし、振り返ってみると幸せな体験をしてきたことに改めて気づく。そして、おもしろいことにその当時は「これは幸せな体験だ」「これは将来につながる」とはほとんど思っていなかった。むしろ、その日、その時を何とか乗り切るために必死で生きていた。

（1）偶然性と意志の力

　本章を書くにあたって再読した『私はなぜカウンセラーになったのか』（一丸，2002）には、学部時代、河合や村山の著作に出会ったときと同じような衝撃を受けた。一丸藤太郎、伊藤良子ら20人の著名な心理臨床家が生い立ちからカウンセラーとして生きてきた軌跡を紹介している。それぞれの臨床家が人生を深く見つめ、臨床家としてどのように生きてきたかはすさまじい迫力である。その中の伊藤良子の章では、著者が戦後復興の中で幼少期を過ごし、社会的に恵まれない人々への眼差しや関わりが人を援助する実践へ結びついていく半生が紹介されている（伊藤，2002）。その人間援助の基底には、柔軟な宗教的価値観も深く流れているようである。そして大学卒業後は、「社会を変えることにかかわる仕事」として社会福祉の道に進み、過酷な現実や様々な人との出会いを通して臨床心理学につながっていく。

　私の臨床心理学に導かれてきた十数年とこれを比較することはできない。スケールや深さが違う。しかしいくつか気づいたことがある。私の場

15

合、学部時代の様々な体験が臨床心理士としての現在の自分につながっている。物理学の世界、深夜のアルバイト、バンド活動、文豪小説の世界、仲間、物理の研究室などである。これらは、当たり前のように大学生の私を包んでいたが、その経験が臨床心理学につながっていくとは当時は思ってもいなかった。しかし大切なのは、臨床心理士になるためにいろいろな経験をしてきたわけではない、ということだ。そのような意味では、人生のある地点で熱中していたことはどこにつながっていくかわからないし、偶然が重なって予定していたこととはまったく違う世界にたどり着くかもしれない。「縁」としか言えないような出会いの連続である。このような言いようは私が言ってもあまり説得力がないので、伊藤を長くなるが引用したい。

「幼いころのことを思い出すままに書き連ねていると、そこに今まで気がつかなかったたくさんの偶然の一致があることが見えてきた。こうなると、もうそれは偶然ではなく必然ですらあろう。したがって『なぜカウンセラーになったのか』という問いにひと言で答えるならば、如何に生きるべきかという問いの答えを見出す過程において、筆者の人生の必然としてこの仕事に出会うことになったということになるのかもしれない」(伊藤, 2002)

一方、伊藤の「如何に生きるべきかという問いの答えを見出す過程」は非常に険しい道でもあり、その道を生き抜いてきた主体の強い意志に圧倒される。それは他の19人の臨床家の生き方にも共通している。人生は不思議なところにつながっていくが、強い意志のある方向に必ず進んでいくようにも思える。だから、振り返ると「必然」なのであろう。私の場合、臨床心理士として生きていくと腹をくくってからは、迷いながらも「これ以外に自分の人生はない」と思うようになっていた。河合 (1992) は、心理療法家の素質について「ほんとうのところはよくわからない」としながらも、「ともかく本人が『なりたい』と思うことが大切で、本人の意志がある限り挑戦してみなさい」と述べている。私の場合は、臨床心理士を目

指すためには必ず理学部を卒業しなければならなかった。理学部の卒業研究は現在の専門領域にはほとんど共通性はないが、私がカウンセラーとしてやっていく一つの支えになっている。どこかに向かうためには必ず越えなければならない課題がある、ということも事実であり、それを支えるのは意志の力だと思う。

このような考え方は、現在のキャリア教育の流れとは少し異なっているのかもしれない。早い時期に人生の方向性や目標を見つけ、その目標達成のために今できることを努力する。そのためには多くの正確な情報を集め、自分に適した方法を選択していく。これは大切な教育の方向性だが、私の道のりや20人の生き方を見ると、これだけが将来のために重要な準備ではないように思う。青年期や自分の方向性を決めていく時期には、その時点では自分の方向性にはあまり関係のなさそうなことや「回り道」と思うようなことを積極的にやってもよいのではないか。むしろ、そのとき、せずにはおれないようなこと——私の場合は読書やバンド活動、友達と飲み明かしたことなど——は、人生の重要な一部につながっていく。

(2) 回り道を主体的に生きる

前述の20人は、臨床心理学が日本にほとんど根づいていない時代——それは戦後の社会や価値観の大きな変化の時代——に、それぞれの強い意志とともに心理臨床を生き、日本の臨床心理学を築き上げてきた人々である。私はこれらの先生方と比較すべくもないが、私の場合は意識的には臨床心理学とはまったく無縁の大学生活を送りながらそれが不思議なめぐり合わせの中で臨床心理学につながっていった、という点ではユニークだと思う。その体験が、臨床心理学を学ぶ上では「無駄」や「回り道」が後々とても生きてくる、という学びにつながっている。では現在、臨床心理学を志している方々が何を大切にすればよいのか。そのような知恵は私にはとても大きすぎてよくわからない。しかし一つの方法として、専門領域にどうつながっていくかなどはあまり考えずに関係ないこともたくさん経験

して楽しむことも大切だと思う。村山（2002）は『私はなぜカウンセラーになったのか』で「人生は自分自身になっていく旅」と表現し、「さまざまな出会いがあるし、予期しないことが生まれるし、川の流れのように絶えず変化し動いている」と述べている。もし、臨床心理学を志している「今」が自分自身になっていく旅ならば、今経験しているあらゆることもやはり旅の一部であり、いずれ川の流れのように自分自身の旅に統合されていくであろう。そして旅の先にふと振り返ると、それは「無駄」や「回り道」ではなく自分自身になっていく旅の「必然」になるのかもしれない。

4. おわりに

　私の少しばかりの経験を書かせていただいた。心理臨床を学び始めた読者の方々がどのように受け止め感じるかわからないが、何か前向きで勇気づけられるようなメッセージが伝われば、私の役割は果たせたと思う。私が学んだことは、心理臨床は迷ったりつまずいたり支え合ったりしながら進んでいく以外に方法はないのではないか、ということである。それについて河合が的確に述べている。

　「自分にその資格があるかと迷い、時にはやめたほうがいいのではないかと思ったりするのも当然で、それと『この職業以外に自分にとってすることはない』という確信との間に揺れることによって、心理療法家は成長してゆく」（河合, 1992）

　多くの出会いに心から感謝している。

引用文献
一丸藤太郎（編）（2002）．私はなぜカウンセラーになったのか　創元社
伊藤良子（2002）．私は、なぜカウンセラーになったのか　一丸藤太郎（編）私はなぜカウンセラーになったのか　創元社　pp.21-42.

神田橋條治（2003）．ロジャース・村山・ジェンドリン　村山正治（編）ロジャース学派の現在（現代のエスプリ別冊）　至文堂　pp.266-269.
河合隼雄（1977）．昔話の深層　福音館書店
河合隼雄（1992）．心理療法序説　岩波書店
河合隼雄（監修）（1991-1995）．臨床心理学　全5巻　創元社
木村太一（2011）．東日本大震災支援カウンセラーの体験を通して　村山正治・森岡正芳（編）スクールカウンセリング――経験知とローカリティ　金剛出版　pp.213-216.
村山正治（2002）．自分自身になっていく旅　一丸藤太郎（編）私はなぜカウンセラーになったのか　創元社　pp.321-340.
村山正治（2005）．ロジャースをめぐって――臨床を生きる発想と方法　金剛出版
大塚義孝（編）（1999）．臨床心理士入門　大学編（こころの科学増刊）　日本評論社

第2章

自分を支える資源
共に学ぶ仲間の存在

川﨑佐加恵

1. はじめに

　読者のみなさんは、大学院に対してどのような思いを抱いているだろうか。私は大学院を「自分の修業期間」だと思っていた。そして実際に「修行中、修行中」と何度も自分に言い聞かせながら歩み、結果として大学院時代は自分の持つ「芽」を伸びやかに成長させてくれた「私の宝物」となった時代だと思っている。真正面から自分と向き合い、人と向き合い、迷い悩みながらも一つひとつに丁寧に向き合う中で、揺らぎながら一歩ずつ歩んできた時代。それは研究、臨床を学ぶとともに、まさに自分自身を創っていくプロセスそのものであった。

　そんな私の大学院時代には、人からの支えや安心感が必要不可欠であった。先生、先輩、同輩、様々な人の存在なくして、今の自分は存在しない。私は決して頼り上手な人間ではないのに、自信を持って「私は支えの中で歩んできました」と言えてしまうほどである。みなさんの日常でも人の支えの大切さは耳にするだろうし、本書の各章においても感じるだろう。では、この支えとはいったいどういうものなのだろうか。辞書には、「支え」とは「支えること、支えるもの」（岩波国語辞典）とあり、「支える」という言葉には「もちこたえる。維持する。くいとめる。防ぎとめる」（岩波国語辞典）、「援助する。支援する」（辞林21）などの意味が書かれている。辞書

の言葉を借りて私の大学院時代を振り返ると、まさに大きく揺らぐ「私自身」やその中にある私の持つ「芽」が崩れてしまわないように、もちこたえられるように、支援してもらってきたと言えるだろう。そして人に支えてもらう中で、その支えを使って、自分の持つ「芽」を育て、私は歩んできた。

　では、この自分の支えとなるもの、自分を支える資源はどうやって見つけていくのだろうか。大学院時代には、先生の存在はもとより、同輩、先輩が持つ意味合いも非常に大きい。この章では、同輩、先輩の存在に焦点を当て、大学院時代の戸惑いをどのように支えてもらってきたのか自分の体験を振り返り、支えてもらう中で得てきたものや、支えを構築する視点について、できるだけ格好をつけずに書いてみようと思う。これがみなさんの何かしらの資源となれば幸いである。

2. 自分の感覚を育むプロセス

　私は今までずいぶんと人に頼ってきた。大学院時代、たくさん人に話をし、相談に乗ってもらった。私は人に話すことで何を求め、何を得てきたのだろうか。今までを振り返り、"私の揺らぎ"の中で、何を考え、何をしてきたのか、自分自身のプロセスを追うことにする。

(1) 教えてもらう

　高校時代、私は「学ぶ」ことがおもしろくて、新しい知識や考えが今ある自分の知識や経験と結びつき、整合性をもって「理解」ができると、とてもわくわくした。何か疑問に思うとすぐに先生のもとへ質問に行き、自分が納得するまで付き合ってもらっていた。ある面で大変な生徒だったと思う。この頃、私は先生のもとには自分が落ち着ける「答え」が必ずあると思っていた。高校2年生のとき、部活動で足を痛めて一人で自主練習に取り組んでいた私は、ある日、顧問の先生のもとへ状態の報告と今後の相談に行った。すると、そこで先生から私の予想外の言葉が返ってきた。私

は「自分で考えていない、考えても考えるだけで動かない、すぐに人に頼る、甘える」と厳しく叱られたのだ。「自分のことだけを考えている」と怒られもした。

　真面目で頑張り屋だった私は、勉強も学級活動も常に一生懸命に取り組み、その中で周りとの関係や自分のことを真剣に悩み、真剣に考えてきた。だから「考えていない」など、自分では思いもよらなかった。さらにそれまで厳しく叱られた経験があまりなかった私は、このときの先生の言動を理解できないまま、とにかく戸惑い、おびえたことを鮮明に覚えている。今ならその言葉の意味はわかる気がする。私は自分に自信がないため、物事を決めるとき、そして不安なときに人に話を聞いてもらい、人はどう思うか先に意見を求めるところがあり、しかも意見を求めておきながら、自分がそのことを完全に理解し、納得し、安心しないとその一歩は踏み出せず、それなら一人で決めたらと言われそうだが、それもできないでいたのだ。その先生は私の本質の弱さに真正面から向き合ってくれていたのだと感謝している。だが、この頃から私は人に相談する前に強い緊張と不安を感じるようになった。人に頼りたい気持ちは人一倍強いのに、その反面、相手にどう思われるか、嫌われるのではないかと、ものすごく躊躇してしまう気持ちも強くなっていった。

　なぜ人は人に好意や嫌悪感を抱くのか、私は私のはずなのに、なぜ相手の想いや自分の立ち位置ばかりが気になり動けない自分がいるのか、とても自然体でいい状態でいられる自分もあるのに、その違いは何なのか、このようなことを私は真剣に考えていた。生物の授業で人間の身体の仕組みを学んだとき、私は人間や自分自身について理論的に理解でき、様々な事象が一本につながる喜びを体験した。とてもわくわくして、うれしくなった。私がずっと抱いている人間に対する疑問も科学的に解明していけると思った。私は大学で集団が個人に与える影響について学びたいと思い、「心理学」を専攻することに決めた。自分の関心がある社会心理学を含め、心理学全般を学べる大学へと進学したが、このとき、「臨床心理学科」に進

むことだけは頑なに拒否していた。

　大学では、授業、ゼミをはじめ、部活動、子どもたちのキャンプのリーダー、インドへの交換留学など、活発に動き、一つひとつに悩んでいた。対人関係や自分のことなど、今ある疑問を友達に投げかけては相手から答えが返ってくることに感心し、その相手からの言葉をそのまま自分にとっても答えとして受け取っていた気がする。自分と合わない考えや合わない人がいるなどとは思えず、必死に全部を受け入れようとしていた。そうすることで自分をより豊かに成長させていけると思っていた。

　卒業論文への取り組みは、ゼミの先生の助言で「自分でやる！」ことを目標に据えてやってきたが、実際は分析作業も先生と同室で行い、わからなければ尋ね、とても丁寧に指導してもらっていた。それでも卒業論文では私の持つ人間への謎はまだ解けずにいた。大学院への進学を考える際、「集団と個人との関わり」という私の研究テーマは、臨床心理、社会心理、教育心理の間のような気がして、臨床心理士の指定大学院に進むかどうかずいぶんと迷った。何より私は「心理臨床」とはいったいどういうものなのか、言葉ではない自分の実感としてまったくわからないでいた。私は自分のこともろくにできないのに、心という人間のとても大切なものを扱うということにおこがましさを感じ、「カウンセラーにはなりたくない」と「カウンセラー」というものに対して強い拒否感を抱いてもいた。そんな想いを抱えながらの大学院選びでは、自分と同じ研究テーマを持つ先生を必死に探した。先生が持っている「答え」を教えてもらいたいという気持ちでいたのかもしれない。だが、面接時には「うちは（その研究テーマは）違う」と言われ、自分ではお手上げ状態になった。そんなときに、大学の先生から「あの先生のもとならあなたのやりたいことができると思うよ」と勧めてもらい、私はその大学院への進学を決めた。ちなみに、心理臨床の専門性とは何かという問いは、日々の授業内でも、臨床の仕事をいただいてからも、そして今も、少しずつ中身を変えながら続いている。

（2）先輩への憧れ

　修士課程への入学時、私は京都から一人福岡へ来て、私のことをまったく知らない人たちとの新しい世界にわくわくしていた。このとき「自分らしく在ること」「自分の在り方」というものに強く心惹かれていたことを覚えている。そんな私には大学院で出会った先輩方は一人ひとりが生き生きとしていて、自分自身をとても自由に歩んでいるように見えた。その姿はとても魅力的で、私は異様なまでに憧れていった。少しでも先輩と関わりたくて、博士課程のゼミに参加させてもらったり、先輩方がゼミ後にご飯を食べに行くのに便乗したり、フットサルチームに入り一緒に遊んだり、学外の研究会やワークショップに参加したりしていた。先輩方へのその憧れは先輩方と関わるほどに増していき、私は憧れの大好きな人と一緒にいられる特別感をこっそりと抱いていた。

　修士課程1年の前期から私は付属高校に実習生として入る機会をいただいた。大学院ではスクールカウンセラーとして働く博士課程の先輩方のために週に1回グループ・スーパーヴィジョンが開かれており、私はそこで働く先輩方の場に学びたいと先生に参加を願い出た。その結果、守秘義務を学んだ修士課程1年の後期から特別にその場に参加させてもらうことができた。先輩方が卒業するまでの半年間ではあったが、それは私にとって特別な時間だった。先輩方はスクールカウンセラーを始めて2、3年目、これでいいのかな……と迷いながら、自分にできることを一つずつ行いながら歩んでいた。そこには私にはよくわからない世界を実際に歩んでいる人たちの生の姿があり、見えないベールの中をのぞかせてもらっているようで私は興奮した。そんな近づきたい存在がいることは私に大きな勇気を与え、支えとなっていたように思う。初めの憧れは時間とともに、いつか先輩のようになりたい、もっと一緒に学びたいという強い想いに変わっていった。

(3) 自分の感覚の芽生え

　修士課程入学当初、指導教員から「僕は教えないから、自分がやりたいこと、大事だと思うことを思う通りにやってごらん」と言われ、その言葉に私は自由さよりも自分一人でできるのだろうかと大きな不安を感じていた。ロジャーズ (Rogers, 1980/1984) は、長年にわたって他者からの指示に従って生きてきて、何をすべきかを他者が言ってくれるという安全さが続くことを望んでいる者にとっては、パーソン・センタードの教育は脅威になることを述べている。それは当時の私にまさに当てはまっていた。私はその脅威を抱えながら、いろいろな先輩にたくさん話を聞いてもらってきた。自分の中で行き詰まったり、困ったり、そして何より不安になったときに先輩を「捕まえ」て、まだ言葉になっていないその時々の私の"ぐちゃぐちゃ"とした想いを何度も話し、聞いてもらった。先輩に声をかける前には頭の中でお願いの言葉をリハーサルするぐらいに緊張したが、そのときの私は自分の中のどうにも落ち着かないものをどうにかしたくて、どうにかしてほしくて、話をしていた気がする。

　私は最初のゼミ発表で「青年期における自己と環境間のとらわれ」というタイトルで学部時代からの自分の関心事を話した。この時点では自覚していなかったのだが、先輩から「あれって、あなたのことだよね」と言われるぐらいに、私は自分の対人関係の課題そのものを話していたようだ。最終的に私の修士論文は、個人のより繊細な心の変容に焦点を当て、人との関係、自分との関係が「楽」になるまでの過程を「自己の『揺らぎ』」という視点から検討し、「他者との関係性における自己の『揺らぎ』体験に関する研究——大学生への質問紙・調査面接を通して」(加地, 2007) というタイトルで完成した。

　この修士論文への取り組みは、自分が今まで感じてきた葛藤を研究という形で真正面から取り扱い、論文との距離を常に意識しながらも、論文＝自分自身と向き合うことになっていた。ライフヒストリーを書き、論文を読みあさり、その必死さは自分の課題に対して何かしらの"応え"を探し

ていたような気がしている。人と話す中で、私は何をしていたのか振り返ってみると、自分の想いだけが強くて全体像が見えない研究当初は、先輩の言葉に刺激をもらい、先輩の経験からくる知恵に頼って、自分の視野を何とか広げようとしていたように思う。それが研究を進めていくうちに、私は先輩の助言や言葉がどうしても受け入れられず、ただ「違う!!」という気持ちばかりが強く出てくるようになっていった。何度言ってもらっても納得できずに、先輩をずいぶんと困らせたこともあった。今ならそれは論文としてまとめるために必要なポイントを伝えてくれていたとわかるのだが、当時の私はまとめてしまうと自分にとって大事なものが消されてしまうような気がして、何か自分の大事なものを守りたいと必死だったのだと思う。おそらく自分の内側に、自分自身の大事にしたい感覚が少しずつ出来上がってきていたのだろう。自分ではまだはっきりとつかめない自分の想いや考えを先輩の言葉に反響させて、「何か違う」「そう、そう」「こんな感じ」など、自分の気持ちや自分の大事なものを確かめていたようだ。

　私はいろいろな人に少しずつ話をしながら、修士論文を何とか前に進めようとしてきたが、一方で、本当に進んでいけるのか漠然とした不安も常に抱いていた。提出期日も意識せざるを得なくなった頃、ある先輩から相談する人を一人に決めたほうがいいと言ってもらった。人に聞けば聞くだけいろいろなことが返ってきて、逆に自分が混乱してしまうことがあるとのことだった。実際私はこの研究をとても大事に思っている一方で、自分に必要なものを取捨選択することができず、誰かに話を聞いてもらうたびに自分の心が動き、また迷い、一つの方向性をもって前に進めてはいなかった。私はそれを言ってくれた先輩に"その一人"をどうしてもお願いしたくて、勇気を出した。引き受けてもらえたときは本当にうれしかった。

　私は、悩んで、進んで、時に戻って、自分が納得のいくようにまた歩み直して、ずいぶんと支えてもらってやってきた。実際に先輩と話をするときには、私はたいてい不安で押しつぶされそうなぐらい余裕のない状態

で、先輩から何か少しでも進むヒントをもらいたいと思っていた。だが、先輩と話し、自分の考えを聞いてもらっていると、不思議と次の一歩が見えてきて、私は自然と自分で動き出せる勇気が出てきていた。先輩は、まだまとまってはいないけれど私の身体の中に確かにある「私の感覚」を大事にして、私が本当はどういうことが言いたいのか、何を大切にしたいと思っているのか、私が見ているものを一緒に見てくれていたのだと思う。あの作業は私一人では絶対にできていなかった。「答え」を与えるわけではなく、私自身の力で「私の論文」を作り出せたと思えるサポートだった。もし私一人なら不安に押しつぶされ、迷いの悪循環から抜け出せずに修士論文を提出できないでいたか、とにかく提出するためにやっつけ仕事で心残りな論文にしてしまっていただろう。先輩の関わりのベースには、私自身を信じて認めているということがあったのではないかと今になって思う。増井（2008）は、スーパーヴィジョンについて、関係の中で上手に育まれ、自分が少しずつ伸びやかになっている体験、本人の個性を生かして、自己決定能力の質を高める体験と述べているが、私は研究活動を通して先輩からこのような体験を得てきたのかもしれない。自分の臨床の原点にもなるような一つの関わりの在り方を実体験として示してもらったようだ。

　指導教員からの「僕は教えないから、自分の思う通りにやってごらん」という言葉は、私が怖れていた「一人っきりでやっていく」という意味ではなかった。指導教員は私たちゼミ生が安心して自分の大事なことに向き合えるようにずっと見守ってくださっていた。その中で「自分に合う」資源を見つけ、「人の考え」ではなく「自分の考え」でやっていくことが大事だよというメッセージだったのだろう。私にとって、揺らぎながら一歩ずつ自分の足で歩んでくることができた「私の修士論文」は、完成した論文を含め、そこにたどり着くまでのプロセス自体が私の宝物であり私の財産となっている。

(4) 自分の感覚の育ち

　修士課程修了後は一人ひとりが自分の道を歩んでいくため、「自分の」世界を作っていくことが求められる。私は先輩方ともっと一緒に学びたいという想いと、先輩方が大学院を修了し離れていく不安の中、自分のための時間を持つために博士課程への進学を決めた。私は今まで先輩からもらってきた大事なものを、大学院の中で少しでも後輩に返したいと思い、先輩役割を常に意識して気負って頑張っていたが、それはとても難しく、自分の未熟さを痛感するとともに自分自身を追い詰めていた。もう少し自分自身のことを大切にしたほうがいいと感じてきた頃、私は学校現場を中心に臨床の仕事を少しずつさせてもらうようになり、エンカウンター・グループやフォーカシング、新たに外での勉強会などにも出るようになっていた。

　そこではふらふらになり傷つきもしながら、自分と真正面から向き合い、自分の感覚を育てるための修行を続けていたように思う。例えばそれは「頭と身体の循環を通す」ということ、「自分自身でそこにいる」ということ、一つずつがとても大きな体験だった。私は大学院で「全体で受け取る」ことを学ぶ中で、長年頭だけで「答え」を求めていたのが、反対に身体だけが勝手に「応え」るようになり、身体は確実に何かを受け取っているのに頭では何もわからないという自分の身体と頭とが切り離されたような状態になっていた。そんなとき、私はある人から「あなたの身体をもっと信じてあげたらいい」「それ（私のその感覚／相手から受け取れる能力）はあなたにとっての宝物だよ」と言ってもらった。その言葉は、私の身体の奥にすっと、そして大事に入ってきて、私は私自身で目の前の人の全体を理解したいと思っている自分を意識した。私は様々な体験や他者からのフィードバックの中で、こんな一つひとつの体験が自分独自のものだと知り、少しずつ身体と頭がつながりを持ち、自分の感覚を大事に扱うことを体験的に学んでいた。

　当時、同輩に比べて臨床の仕事が少なかった私は、そこに焦りや劣等感

第 I 部　出会う

も感じていたが、時間があったからこそ臨床の一つひとつと丁寧に向き合い、揺らぎ、それを信頼する人に話し、また向き合い、そのようなことを繰り返す中で、独りよがりになることなく自分自身の感覚を創っていけたのだと思う。それは同時に、自分の揺らぎの中に相手からの大事なものをキャッチしている自分の感覚を信じるようになってきたことを意味している。研究や臨床場面を想像すると、そこには初めからある「こたえ」はない。私はこたえがなくても、自分が感じているものを信じて、大事に抱えていきたいと思うようになった。憧れの先輩は先輩その人自身であり、私は私自身である。先輩の言葉はその人のその時の想い、その時の言葉で、それは私のものではないとようやくわかってきたのだ。氏原・杉原（1998）は、臨床心理学においては、体験から離れた単に頭だけの知識にはあまり意味がなく、当人がその知識なり考えなりと主体的に取り組み、格闘した結果、本当に自分の一部として自分の内部に根ざすようになった、身体に染み付いたような「知」こそが意味を持つとしている。私は多くの支えの中で、たくさん悩み、揺らぎ、今、自然体の自分の感覚を大事に思えていることが非常にうれしい。

3．人を信じる ⇄ 自分を信じる

　自分の感覚を育む私のプロセスには、日々の中で自分自身を認めてもらう体験を積み重ね、自分の存在が他者から認められていると感じることが大切であったように思う。それは、自分を認めてくれているその相手のことを信じる体験ともつながっていた。

(1) 認められる体験

　修士課程1年の終わり、私は大学院で初めてのケースを先輩と母子並行面接で担当させてもらい、毎ケース後に先輩と行ったシェアリングの時間は、ケース理解のためにも自分自身のためにも大事なものとなっていた。ケースで感じたこと、考えたこと、自分自身の在り方、関わり方など、私

は自分の想いをその場で率直に話していた。その中で先輩から「（あなたの）その悩むところがいい」と言ってもらった。そのときはどういうことなのかよくわからず、不思議さと驚きで何だか照れくさかった気がする。それまでも「よく考える人」と言われることはあったが、「悩みすぎ（あまり悩まないで）、気にしすぎ（もっと気楽に）」と言われることが多く、「悩む私」をいいといったフィードバックは初めてだった。

　私はこの後も大学院時代を通して「丁寧、細やか」などのフィードバックをもらうようになっていった。「大切にするもの、抱えるものを見過ごさない力」「大切なことは妥協せずに追い求める強さ」、そして「素直に迷い、揺れる自分に正直に向き合える強さ」などのフィードバックは、「悩みすぎ」「気にしすぎ」など、しんどいけれど自分ではどうしようもなかった自分の在り方を、肯定的なものとして、また私の強みとして認めてもらったものだと思っている。今までずっと「自分を苦しめていたもの」は「自分を活かすもの」に変わってきていた。私だからこれだけ悩めるのだと思うと、逆にぐちゃぐちゃ悩まずに私らしく頑張ろうと思えた。

　また、ある先輩からは「自分に話題が向かないと怒るよね」など自分ではあまり認めたくないことも、さらりとストレートに言われてきた。私はその場では笑ってごまかしていたが、その言葉はある面で的を射ていたため、内心ではかなり動揺していた。私からすると「怒る」という表現はまったく一致していないのだが、その場に自分が入れているのかなど、自分の立ち位置を気にしてしまうため、会話に入れていると安心感を得て、そうでないときに不安になることと関連していたのだと思う。それは何とかしたい自分の姿でもあった。

　私の「悩み」「気になる」の中には相手から受け取っているとても大事なものと、自分が勝手に人の視線を気にして不自由になっているものとが同居しているようだ。先輩方は私のいい面もそうではない面も、そのままの私をそのまま見てくれていたのだろう。援助専門職になるためには、学問的な知識を得ることはその基礎を与えてくれるために重要であるが、自

分自身について知ることや自分らしく人生を精いっぱい生きる方法を学ぶことも同様に重要だと言われている（Corey & Corey, 1998/2004）。私にとって大学院はまさに自分を知る、そして活かすプロセスであったようだ。

(2) 安心感

　臨床場面では、神経を最大限に働かせ、相手との関係やその場にどっぷりと浸かると、面談後も過覚醒状態に陥ったり、逆にぼーっとなったりすることもある。私はそこで何が起きているのか、どう理解し、対応したらいいのか、自分が相手やその場から感じたものや受け取ったものを整理できず、また一人で抱えきれずに気持ちも身体もいっぱいになることが多かった。記録にまとめる中で少し整理はされるのだが、身体で受け取ったものを記録にまとめるまでには時間も必要だった。前述の先輩との母子並行面接においては、先輩がいてくれるということが大きな安心感となり、自分の関わり方を自分勝手に否定的に悩んだり、自分一人ですべて抱えなければいけないというような無用な気負いがなく、私は自分らしく動いていこうと思えていた。また、並行面接の担当者に限らず、先輩や同輩、スーパーヴァイザーの先生など、感じているものを分かち合い、理解してくれる人の存在、そして自分にはない視点を持ち、自分のことを知った上で見てくれている人の存在は大きな安心感となり私を支えてくれていた。
　この大きな安心感の根底には、自分と相手とのやりとりの中に、今の自分には受け入れがたいものや理解できないものがあっても、自分が嫌われているとか、存在を否定されているとは感じず、私がその人から基本的には認められていると思えていたことがある気がする。きっと私自身が相手との関係を信頼し、安心していたのだろう。このような中で、私は自分に起きている様々なことが「異常」なことや「悪い」ことではなく、その混乱も心理臨床の道を進む中での大切なプロセスだと自分で認めることができ、その感性を大切にしていきたいと思うようになっていった。たくさん感じてたくさん揺れるけれど、このような支えの中で、それは私にとって

意味のある揺らぎになっていた。

(3) 共に歩む同輩の存在

　大学院では、日々の講義、演習、学内外での実習、仲間との時間など、自分が体験することのすべてが学びにつながっている。その一つひとつに揺らぐ私と一緒に歩んできたのが同輩である。修士課程のとき、私はよく遊び、その時々の各々の想いや考えなど自分たちの今をよく語り合っていた。同じスタートを切った仲間がどんなことを考えているのか気にもなったし、話す中で自分の考えがわかったりもした。いい時間だった。

　一方で、修士課程のカリキュラムの内外を含め、自分たちで企画し実施するプログラムでは、時に想いの差や各々の優先順位の違いも出てきた。やるからには楽しみながら一生懸命にやりたい私は、自分と人との違いやその差を認められずに苦戦もした。だが、なんだかんだ言いながらゼロから一緒にいろいろと考えて創ってきたもの、一緒に歩んできた時間はとても有意義なものであった。同輩は、積極的に動いていた私も、小さなところにこだわる私も、研究、臨床、プライベートなど様々なことで揺らぐ私も、状態のいい悪いに関わらずに傍にいてくれた存在だと言える。正確には、いいときも一緒にいて私のことを知っているからこそ、悪いときにも「私だね」と受け入れてくれていたようだ。また臨床や研究の云々に関わらず、修士課程の不安定な時期、自分のことを気にかけてくれていた同輩の存在は本当に心強く、私を見てくれているんだと安心し、純粋にうれしかった。

　同輩は仲間でありライバルでもある。自分のフィールドを歩んでいく仲間に感心し、同時にうらやましい気持ちを抱き、動けていない自分に焦ることもある。だが、臨床への不安や期待、歩む中で生まれる戸惑い、何か少し動けたとき、達成したときの喜びなど日々の中で生まれる想いを、同じ立場で分かち合う相手がいることの意味は大きい。現場に出てからも、仲間の中で、等身大の自分を感じて、できていないことも認め、そこから

学ぶチャンスも生まれている。今も、共に歩んできた同輩は、各々のペースで各々の道を歩みながら、つながっている。

(4) 人間の力

　自分が大きく揺らいでいた大学院時代、私は頭も心も身体も"ぐちゃぐちゃ"で、自分のことが自分で信じられないでいた。それでも大好きな人、尊敬する人が自分のことを信じてくれていることは伝わってきた。自分の中で、その人の存在が確かなものとして確立していたのだろう。自分では自分が信じられなくても、その人が信じている自分なら信じることができた。そうした一つ介入した形で自分を信じるようになってきたように思う。人は人に大切にされていると思うと自分を大切にできるようである。
　また、私は相手の受け取り方を先読みして、相手の気に入るように、自分の言葉を変に卑下したり歪曲したり、言葉がずれたりして、自分の想いを大切に、また率直に表現できないことがよくあった。しかし、自分の発した言葉の受け取りは、相手の責任であり相手の権利である。それを先読みすることは、実は相手の権利を認めておらず、相手が自由に感じて、そこから生まれる相互のやりとりを拒むことになるのではないかと思った。私は大切な人との関係を楽しみたい。それなら私は相手のことをもっと信じて、自分の想いも率直に言葉にしよう、やりとりを楽しもうと思った。
　人がその人自身でそこにいること、自分自身で存在すること、自分と一緒にいてくれることの支えを知ったのは博士課程2年のときだった。自分がものすごく揺らいでいたとき、何も語らずとも、そこにその人自身でいてくれることで、その人を軸に自分の揺らぎが納まっていくという経験をしたのだ。スーパーヴァイザーの先生から「あなたがそこにいることが大事」と繰り返しもらってきた言葉の意味が、ようやく自分の体感として理解できたような気がした。その衝撃は大きく、相手の存在そのものと自分の存在そのものに無条件に価値を認めることにつながっていった。
　こんな時間の中で、私は自分が人にどう思われるか、どう思われたいか

などを少しは気にせずに人と一緒にいるようになってきた気がする。私は相手に関係をゆだね依存するのではなく、相手も自分も大切に、お互いに対等に立っていたい。そのままの自分、そのままの相手を認め、その存在に価値があること、一人ひとりに良さがあり違っているからこそおもしろいこと、自分と相手とその関係を信頼すること、これらのことをきれいな言葉や概念ではなく、体感として大事にしたいと思うようになっていった。

4. 支えを構築する視点──安心して揺らげる環境づくり

　大学院時代は思い切り悩んだり迷ったりしてもいいと私は思う。臨床や研究、人と、自分自身とどのように向き合っていくのか、その戸惑いや悩みを一つずつ振り返ったり、真摯に向き合ったりする中で、次の一歩は自然と生まれてくると思っているからである。だが、自分一人きりで闇の中に迷い込んでいくと大変危険なのでお勧めしない。自分が安心できる人や場所、安心して揺らぐことができる環境が必要だと切に思うのだ。格好悪くもがいて、甘えて、頼っていた自分を振り返ると、反省や恥ずかしさも出てくるが、あのときの私はそうでしかいられなかったし、そうできてよかったと思っている。大学院はそれをしてもいい時間なのだ。先生、先輩、同輩、後輩、スーパーヴァイザーの先生、学外の人、たくさんの出会いの中で、自分の資源を少しずつ創っていってほしい。少しずつでいいから、人に頼ることにチャレンジしてみてほしい。

(1) 学んできた「Being」の基礎

　振り返ると、修士課程の2年間、私は「臨床心理学」を学んだという感覚があまり残っていない。知識や技術、技法など、何かをするといった「Doing」よりも、対人援助職として、心理臨床家として、一人の人間として自分がどのようにいるのか、どのように在るのかといった「Being」の基礎を創っていく過程だったように感じている。当時は、「これを学ん

でいます」などと明確に言葉にできるものがなく、不安に感じていたこともあった。しかし、この「Being」が今、自分が大切にしたい軸となっている。まだまだ未熟だが私自身の「Being」を育てている。この「Being」は教科書などから習得するものではなく、迷い揺らぎながらも様々な経験の中で積み重ね、「自分自身で」創り上げていくものなのだと思う。自分らしい、自分の強みを活かした、自分だからこその「自分自身のBeing」、それは決して「自分一人で」創り上げられるものではない。

　修士課程の頃、私は先輩方に異様なまでに憧れていた。自分が博士課程に上がり、先輩方もその時々で悩みながら歩んでいたことを知るのだが、私には先輩方一人ひとりが自然体で、自分の考えや感じていることを大切にして、自分自身を歩んでいるように見えていた。私のこの憧れは、先輩方の「Being」によるものだったのかもしれない。非常に揺れるこの時期、先輩や同輩、先生、スーパーヴァイザーの先生などの「Being」をたくさん感じ、それが同時に支えにもなって、自分の「Being」の基礎創りをする、それが大学院時代なのだと思う。

(2) 資源は構築していくもの

　大学院では、年齢、経験、考え方も様々な人たちとの出会いがあり、そこにはたくさんの学ぶチャンスが広がっている。その一方で教育訓練過程から何を得ることができるかは、自分自身の積極性にかかっている（Corey & Corey, 1998/2004）。たくさんあるそのチャンスをチャンスと見るかどうか、自分の「資源」として活用するかどうかは、自分自身の動き、在り方に関わってくる。私は先生や先輩、同輩に出会え、とても環境に恵まれていた。本当に幸運だと思う。それでは私は何もせずにこれらの資源を得たのかというと、きっとそうではない。私はそこで出会った人たちにすごく興味惹かれて、もっと関わりたいと願っていた。突然飛び込んでいくことはできないが、何かチャンスがあったら手を挙げよう、関わっていこうと常に思っていた。そして憧れの人に近づけるように、勇気を出して一歩一

歩を踏み出していた。そうして周りの人と少しずつ関係を築いていく中で、相手もおそらく私のことを知ってくれ、私の中には相手への信頼感や安心感が増していき、自分を支える資源となっていったのだろう。

　自分自身のことを知り、相手のことを知る中で、今はこの人に聴いてほしい、あの人はどう考えるだろうかなどそのときの自分が求める資源もわかってくる。自分が求める資源はその状況や出来事によって違うかもしれないし、複数の人の言葉や関わりで、だんだんと自分の理解が深まったり、その事柄を自分で抱えられたりもする。自分では気づいていない人たちにも見守ってもらい、支えてもらっていることも大いにある。

　資源を構築していく過程は不安もあるが、まずは自分の周りの環境に興味を持ってみることから始めてみたい。人と関わる中でその人の良さを見つけ、それを信頼できると、その存在自体が自分の大きな支えとなり勇気となる。自分の周りの環境や自分が出会った人たちは、自分が一人ひとりと関係を築く中で、自分を支える資源となっていくのだ。自分が人を知り、人に自分を知ってもらう、いい循環を持つ関係を築くという資源の構築プロセス、これは臨床そのものではないだろうか。大切にしてもらいたい。

(3) 自分にフィットする感覚を大事にする

　一つの大学院の中にも様々な考え方の人がいる。それでは、自分がどうしたいのかまだ自分の軸がわからないとき、何を基準に据えたらいいのだろうか。

　修士課程の最初の頃、指導教員が「それが正解か不正解かではなく、今の自分にぴったりくるかどうかを大事にしなさい」とおっしゃった言葉に私は衝撃を受け、それが今も私の基準となっている。世の中は様々な角度から見ることができるし、見る方向によって見え方はずいぶんと変わってくる。それを〇か×かの二者択一の判断をすることは難しい。また、二者択一の判断であったとしても自分が選択しなかったもう一方は、そのとき選択しなかったというだけで間違いというわけではない。当時の私はすべ

てが正しいと思い込んでいたため、自分にフィットしないものも無理やり自分に取り込もうとしていた。逆にどれも手放せずに、自分の本当の関心や興味、何となく心が呼んでいるというようなものを選択できずにいた。そんな中で、判断基準を「自分にフィットするかどうか」に置くと、私は何だか楽になり、何だかうれしくなったことを覚えている。その感覚を大事にすることは、自分が大事にしたいことや、求めているものへの素直な気づきにもつながっていく。このように考えると、例えば自分の正当性を守るために、自分にフィットしないものを排除するという必要もなくなるだろう。逆にどういう点がフィットしないのか今の自分が大事にしているものを見せてくれるチャンスにもなる。そしてそれがまた別の場面では自分にフィットする場合もある。フィットするものもそうでないものも大事に扱うことができるのだ。一度、今の自分にフィットするかどうか、今の自分の素直な感覚を基準に物事を捉えてみてほしい。こういったことが自分の感覚を育み、自分を支える資源を見つけることにもきっとつながっていくだろう。

(4) 自分中心のネットワーク

　今、あなたにとって大事な人、支えとなる資源には誰がいるのか、何があるのかを考えてみてほしい。白紙の中心に「私」と書き、次にあなたにとって大事な人の名前を書いて「私」と「その人」とを線でつなぐ。それを思いつくままに繰り返して書いていき、書き終えたものを眺めてみると、どのような感じになるだろうか。

　これは「自分を中心にしたネットワーク図」である。周りの人と自分とを比べ、他人のネットワークをうらやましく思ったり、自分ではない人同士の関係に気を持っていかれたりせずに、自分を自分の中心に置いて、自分がどんなネットワークを持っているのか、自分とその人との関係を見ていこうという提案である。この執筆においても私はこのネットワーク図を書いた。

私が中心の私のネットワーク、「私と」つながっているもの。常に何となくグループに「入れてもらっている感じ」を持っていた私は、これまで勝手に人を中心に置いていた。しかしこのネットワーク図を見ていると、自分自身がいて、その自分と周りにいる一人ひとりとのつながりなのだとちゃんと思えてくる。自分の人生の中心は自分なのだ。こうして見ると、今のあなたを支える資源もまた見えてくるかもしれない。ぜひ試してみてほしい。

5. 最後に

　「自分を支える資源」というテーマをもらったとき、私は初め自分が支えてもらってきたことばかりが浮かんできて、自分の主体的な動きが何も考えられなかった。だが、私は支えの中で揺らぎながら歩んでこられたこと、そうして今、私自身としてここにいられることをうれしく思っている。それは私が周りに支えてもらいながら、自分の足で歩いてきたからにほかならない。一人ひとりに心から感謝している。

　今、私は福岡から京都に戻り、今までの仕事とは異なる形のものにチャレンジしている。ここで自分を活かして、自分らしく歩んでいきたいと思っている。だが、今は大学院時代のようにそのまま自分の目標となる人はおらず、自分が目指す像がはっきりと見えていないことなどに不安も感じている。それでも、ここまで支えてもらって育ってきた私だから、今、目の前にあるものをちゃんと見て、完成形のない未知数を楽しみながら、その場と人と、自分の内側から出てくるものを信じて歩いてみようと思う。きっと何かがつながるはずだ。

　人はみないいところを持っている。一人ひとりの強みは違い、それぞれにそれぞれのペースがある。今はまだ表に出ていなくても、必ずその「種」や「芽」を持っていると私は信じている。そのいいところを人との関わりの中で上手に循環させることができれば、自分の支えを得ながら、自分も誰かの支えになれるような気がする。

第 I 部　出会う

　揺らぎながら、迷いながらでも、支えを感じて、人は歩んでいける。私は人とつながりながら、自分の感覚を大事にしながら、これからも歩んでいきたい。ここで出会ったあなたにも、あなたらしい笑顔で歩んでいってほしい。そしてあなたにとって大事な人、大事なことと出会えるよう、心から願っている。

[引用文献]

Corey, M.S., & Corey, G. (1998). *Becoming a Helper*. 3rd ed. Pacific Grove, CA: Brooks/Cole.（コーリィ, M. コーリィ, G. 下山晴彦（監修）堀越勝・堀越あゆみ（訳）（2004）．心理援助の専門職になるために――臨床心理士・カウンセラー・PSWを目指す人の基本テキスト　金剛出版）
加地佐加恵（2007）．他者との関係性における自己の「揺らぎ」体験に関する研究――大学生への質問紙・調査面接を通して　九州産業大学大学院修士論文（未公刊）
増井武士（2008）．治療的面接への探求2　人文書院
Rogers, C.R. (1980). *A Way of Being*. Boston: Houghton Mifflin.（ロジャーズ, C. R. 畠瀬直子（訳）（1984）．人間尊重の心理学――わが人生と思想を語る　創元社）
氏原寛・杉原保史（編）（1998）．臨床心理学入門――理解と関わりを深める　培風館

[参考文献]

Kirschenbaum, H., & Henderson, V.L. (Ed.) (1990). *The Carl Rogers Reader*. London: Constable.（カーシェンバウム, H. ヘンダーソン, V. L.（編）伊東博・村山正治（監訳）（2001）．ロジャーズ選集　誠信書房）
鑪幹八郎・名島潤慈（編）（2000）．新版心理臨床家の手引　誠信書房

第Ⅱ部

育む

第3章
臨床研究における方法論をめぐって
「共創」という視点

吉川麻衣子

1. はじめに

　ある日突然、心理学の研究者が中学校にやってきた。「研究に協力してもらいたい」と言い、その人は私に同意を得ることなく、すぐに心理検査の準備をし始めた。私が中学1年生の頃、20年以上前の話である。もちろん、当時はそれが有名な心理検査だということは知らず、目的も理解できないまま、その研究者の高圧的な指示に長時間従っていた。まさに、さ･せ･ら･れ･る体験で、非常に不愉快だった。大学で心理学を学ぶようになって、当時の研究のことを調べる機会があった。あの時間は何のためのものだったのかを知りたかったのだが、その成果に触れることはできなかった。とても残念な気持ちになったと同時に、研究者や研究というものに少々嫌悪感を持ってしまった。

　そんな私も、曲がりなりにも大学の教職に就いている。研究を始める学生たちには、いつも次のことを伝えるようにしている。研究は、「協力してくれた方々（リサーチパートナー）と共に創っていくもの」ということだ。「共創」という言葉を用いている。こう考えるようになったのは、上記の経験も少なからず影響しているが、それだけではなく、「共創」という視点を持って研究を進めていくことの大切さを教えてくれたのは、十数年間ともに研究を続けてきた沖縄県の高齢者たちである。本章では、どのよう

な現象の中で「共創」という実践感覚をつかんでいったのかを、研究変遷をたどる中で示し、その視点を他の研究に汎用させ、意義を考えてみたい。

本題に入る前に少しだけ自己紹介をさせていただくと、私は沖縄で生まれ育った。大学院入学を機に本土へ渡り、臨床心理士として、スクールカウンセラーと学生相談の臨床を主にやってきた人である。

2. 方法論を選択する前に
(1) 臨床心理学研究の方法論を学ぶ

自分の知りたいことがあって、研究につなげたいと思っても、臨床心理学研究にはどのような方法があるのかを知らないとスタートを切ることができない。拠り所になる文献に触れることもできない。臨床心理学で用いられる方法論を熟知しようという努力は、自分の研究の幅を広げることにもなる。と言っても、臨床心理学研究の基本的な知識が整理された高著(津川・遠藤, 2011; 森岡・大山, 2014他)は多数あるので、ここでは、学ぶ姿勢に焦点を当てたい。

大学生の頃を振り返ってみた。方法論に関することで言えば、「心理学研究法」という通年科目があった。臨床心理学には、調査研究と事例研究という代表的な研究法がある。それぞれに特色があって、研究目的によってどの方法を用いるかが決まってくる。この講義では、それぞれの方法を用いて、小規模な研究を行いレポートにまとめて提出した。また、「心理統計法」という科目があり、主に調査研究の中で用いられることが多い統計学の基礎について学んだ。もともと理系科目が苦手な私は、この講義を受けて、臨床心理学のことを嫌いになりかけた。統計で人の心は理解できるのだろうかと疑問に思ったが、単に数式の理解が難しいことへの言い訳だったかもしれない。そして当時は主流であったSAS (Statistical Analysis System) と新しく登場したSPSS (Statistical Package for Social Science) という2つの統計ソフトを用いて、数量的研究を行いレポートにまとめた。データを流し込むとあっという間に結果を出してくれる。何と便利なツー

ルなのだと感激した。しかし、こんなに簡単に結果が出てしまっていいのだろうかと疑問を持ったことを覚えている。

　大学院生になり、より専門的なことを学ぶようになった。その中で、「臨床心理査定演習」という科目があった。過去の経験から、心理査定に対する疑念を持っていたが、第一線で活躍されている実践家から学ぶ心理査定は非常に興味深いものであった。とりわけロールシャッハ・テストについては、精神力動論も併せてみっちり学ぶことができておもしろかった。その先生の臨床実践でどのように心理査定が取り入れられているのか、その解釈の仕方、そして、限界についても話してくださったので、大変貴重な学びを得た。しかし、院生の中には、新しく学んだ理論や技法を使って、やたらと相手を分析しようとする人が現れた。修士課程1年目の頃が特に顕著だった。そのような人を目にしていると、教わったことを吸収しようとする意欲が旺盛だとうらやましくも感じたが、多少の嫌悪感があった。昨日今日学んだ知識で人を分析しないでほしいと感じたのである。人の心はそう簡単にはわからないだろうと思っていた。

　研究目的を明らかにするための様々な研究方法、臨床研究で用いられる心理査定について理解を深め、実践の場で「使えるようにしておく」ことは大切である。心理臨床家が行う臨床実践を密室の美談で終わらせることなく、臨床心理学が実学であることを社会的に示すためにも、研究は必要である。ただし、どのような技法でも、それで「すべてが」わかるわけではないという限界を常に意識しておく必要がある。心理療法においても同様で、「あらゆる」クライエントに有効な方法があるわけではない。どの学派であれ、一流の研究者・実践家ほどそのことを熟知されていると感じられた大学院時代だった。

(2) 人と場所にトコトン関わり観察する

　研究方法を学んだところで、ぜひやってほしいのは、自分の興味関心のある領域に身をおいて、人とトコトン関わり、その場の雰囲気を味わうこ

とである。つまり、参与観察してみることである。特に、研究テーマがなかなか浮かばない、絞れないという方にお勧めしたい。このような研究方法をフィールド研究、フィールドワーク、現場心理学などと言うが、人の行動を量的ではなく文脈や意味に即して捉える質的研究に興味があるのであれば、ぜひやってみてほしい（やまだ他，2013）。

　大学生の頃、なかなか研究テーマが絞り切れない学生だった私は、卒業論文に取り組む前に、沖縄の地域在住高齢者との日常的な関わり活動を始めた。昔から高齢者と関わるのが好きだったのだが、高齢者を対象にした研究をしたいとは考えていなかった。初めの頃は、生活をおびやかさないような距離感を保ちながら、彼らの生活を観察させてもらっていた。地域の祭事や老人会の行事、ゲートボールなどのレクリエーションに参加したり、農作物を一緒に収穫したりした。卒業論文のテーマはどうしようかと頭の片隅で考えてはいたが、「この領域で起きている何かについて研究しよう」という意図はなかった。純粋に関わることを楽しんでいた。すると、次第に関係性が深まっていった。彼らのほうから個人的な話をしてくることが増えていったのである。これまでの人生経験や、今、気になっていることなど、話題は人によって様々だったが、特に多かったのは「沖縄戦」[注1]の話だった。

　ちょうどその頃、祖母が重度の認知症で施設に入所した。祖母は、沖縄戦で夫を亡くし、4人の子どもを独りで育ててきた人であった。元気だった頃には戦争の話は一切しなかった。しかし、認知症になり、同じ話を繰り返すようになってから語り出したのは、戦争の話だった。一緒に入所していた高齢者たちにも、突如として戦争の話を始める人たちがいて驚い

注1　沖縄戦とは、太平洋戦争末期の1945年、沖縄諸島に上陸したアメリカ軍を主体とする連合国軍と日本軍との間で行われた地上戦である。軍人・軍属のみならず、沖縄で暮らしていた一般人も戦渦に巻き込まれ、20万人以上の尊い命が失われた。昼夜問わず撃ち込まれた「鉄の暴風」で地形は変わり果て、当時の沖縄県民の4人に1人が亡くなったとされる（沖縄県平和祈念資料館資料より）。

た。認知機能が衰えてきてから繰り返される語りは、その人にとって人生の最期に伝え残したい何かだと私は考えるが、祖母にとっては、それが沖縄戦での体験だったのだろう。

　祖母をはじめ、「戦争の話はしたくない」という想いを抱えている沖縄戦体験者がいることは、幼い頃から肌身に触れて感じていた。安易に尋ねてはいけない話題だと思っていた。そのため、地域在住高齢者から戦争体験の話をされたときには、想いを真摯に受け止めながら話を聴かせてもらうことで精いっぱいだった。ほぼ毎日、戦争の話を聴くことは正直つらいなと思うこともあった。しかし、その関わりを続けていく中で研究テーマが浮かんできたのである。沖縄県の高齢者にとって、沖縄戦は避けられない人生のキーワードである。「沖縄の高齢者は、戦争（体験）に対してどのような想いを抱えながら暮らしているのだろうか」というテーマで研究をしてみたいと思うようになったのである。

3. 自分の研究への迷いから生まれた「共創」の視点

　研究を進めていく中では、時にやる気を失いかけることがある。しっかりと文献研究を積んできたつもりでも、調査あるいは実践を始めてから、自分の研究テーマを扱った先行研究を見つけてしまったときには相当がっかりするものである。また、「私の研究は、学術的な意味があるのだろうか、このまま続けていっていいのだろうか」という迷いを抱くこともある。前者の例はともかくとして、研究に対する迷いが生じたときこそ、研究を成熟させるチャンスだと思う。ここからは、私が続けてきた沖縄戦体験者との研究の変遷をたどる。

（1）迷いなく進めていた調査研究
　前節で述べたフィールドワークは、当初、友人から紹介された一つの地域から始まった。次第に、関係を築けた人から知り合いを紹介してもらうという縁故法により、活動地域は10地域になった。そこで出会った高齢者

第Ⅱ部　育む

の中で、沖縄戦を体験している方に調査研究を実施したのが端緒である。
　まずは、基礎的知見を蓄積することを目的に、「老年期の精神的健康と人生における戦争体験の意味づけに関する探索的研究」というテーマに取り組んだ。沖縄戦のことについて話を聴かせていただける方を探し、一人ひとりお会いして、いくつかの質問に答えていただいた。最終的には217名の方にお会いした。戦争で受けた心理的損傷により、現在の精神的健康に負の影響を及ぼされている可能性が、他県の戦争体験者と比して高いことが示唆された（吉川・田中, 2004）。卒業論文に取り組み始めた1998年頃、沖縄戦体験者に関する学術研究はほぼ皆無だったため、この実証的知見が得られたことは注目を集めた。沖縄で幼い頃から高齢者と接してきて体験的にはわかっていたことだが、データでもって確認することで説得力を増すことがあると実感した。
　その後、大学院進学のために本土へ渡り、修士課程2年の頃は、毎週末沖縄に通いながら研究を続けた。次のテーマは、「沖縄県在住高齢者の戦争体験の捉え方に関する探索的研究——捉え方の変化に及ぼす影響要因とその過程」であった。卒業論文の研究で一人ひとりのお話をうかがっていると、つらい戦争体験の記憶ではあるが、それまでの人生の中で捉え方が変わる現象を各々が経験しているということに気づいた。その現象について明らかにしてみたかった。手続きをできるだけ丁寧に行いたかったので、まずは調査地域で説明会を実施した。そして調査協力への意思が示された方と日程調整を行い、実施日に再度、意思確認をした。戦争体験といういわゆるトラウマティックな体験の記憶に触れることへのできる限りの配慮だった。220名の方の話を聴かせていただいた。話をしながら泣かれることは、ほぼ全員だった。中断して3日間かけて聴き取った方もいた。結果として、「体験を語る」ことで捉え方が大きく変わることが示唆された（吉川, 2004）。
　少々余談ではあるが、毎週末沖縄へ通うための費用は、奨学金と財団からの研究助成金に助けられた。本邦には様々な財団の研究助成があり、博

士課程や研究職に従事する者が対象になっているものが多いが、中には修士課程の院生でも応募できるものもあるので、研究資金で苦労している院生はぜひ挑戦してみてほしい。

(2) 悶々とした自問無答の状態

　修士論文のデータを取り終えた後も、沖縄へ通い続けていた。調査に協力していただいた方々が、調査を機に調子を崩していないかが気になり、フォローアップの意味でフィールドワークをしていた。幸いにも、そういう方はいらっしゃらなかったが、私の心中には悶々とした考えが浮かぶようになっていた。「私のやってきたことは、研究協力者にとって意味のあることだったのか」という考えであった。孫の世代にあたる私から、調査を依頼されて断れず、無理をさせて苦しめてしまったのではないか。その悶々とした問いは、いつしか、自分のアイデンティティを揺るがすものとなり、答えのない迷路にはまり込んでいきそうだった。

　こういった状態に陥ってしまうのは、おそらく私だけではないだろう。抜け出し方も、乗り越え方もいろいろあると思うが、私の場合は、「続ける」ことを選んだ。正直、この研究テーマから離れることも考えたが、沖縄のおじぃ、おばぁの平和への想いを受け継ぐことが、語っていただいた方への礼儀だと思った。そして、具体的に取った行動は、自分がやってきたことの意味を研究協力者に尋ねる場を創ることだった。尋ねるだけではなく、これまでの研究の成果を一般の人にもわかるように伝える場にしたのである。この時期から、研究協力者は「リサーチパートナー」であるという意識に実感が伴った。そもそも、「リサーチパートナー」という用語は、ロジャーズが用いていた（村山, 2005）。そのことを修士課程のゼミで教わり、頭では理解していたつもりだったが、実感が伴い具体的なイメージがわいたのはその時だった。そこから、研究を「共に創っていく」という発想が具体化していったのだ。最近では、森岡（2014）の「実践即研究」というキーワードにも近い考え方だと思う。

(3) 成果をリサーチパートナーと共有するフィードバック会の試み

　調査を実施した各地域で、フィードバック会を行った。パワーポイントを用いて結果を示し、参加者と対話をしながら進めていった。リサーチパートナーのみならず、その家族や地域の人も参加した。「これが沖縄戦を体験した私たちの苦しみだ」「お父さん、大変だったね」などの声が聞こえてきた。彼らにとっては、自分自身の体験を振り返り、家族のことを知る機会になっていたことが感想からうかがえた。

　一方、私にとっては、「沖縄戦を体験した方々が今求めていることは何か」を改めて考える機会となった。「研究の出発点は研究者の知的好奇心であってもいいが、主体は目の前の人である」。院生の頃に出席した学会で大御所の先生がおっしゃっていた言葉である。目の前にいる人は、かつてすさまじい戦争体験をし、今もなおその記憶にさいなまれている。その方に対して、心理臨床を学び始めた若輩者に何ができるのか。何もできないかもしれない。ただ、そのつらさを受け止めた上で、「あなただけではない」と伝えたいと思った。それが、フィードバック会を実施した一番の理由である。また、その時点で、数名の方が逝去されており、あと数年で、沖縄戦体験者との研究はできなくなると痛感した。彼らが「今」求めていることは何か。ライフワークとして、彼らの心理的支援になり得る実践を続けていきたいと考えるようになったのである。

　そして、フィードバック会を通してわかったことは、次のような彼らの想いである（表1）。

　AからDのように、戦争体験を聴いてもらいたいときに安心して語れる場、「語れる」だけではなく同時代を生きた人々と「語り合える」場を求めている人は多かった。また、家族関係や社会構造の変化、あるいは、加齢に伴う様々な発達課題も相まって、ニーズは形成されていることもわかった。そして、最後のEの言葉は衝撃的だった。「あなたのことではないけれど」と一応言われたが、私のことも含めておっしゃっているのだと思った。戦後向けられてきた彼らに対する興味本位な視線に対して、「自

表1　フィードバック会で語られた沖縄戦体験者の想い

- A（91歳男性）：「昔からね、自分の戦争のときの話はしてきた。でも、話しすぎたのかね。最近は聴いてくれなくなったさ。『もう、また戦争の話ねぇ』と言われて嫌がられるようになった。さびしいさぁ」
- B（83歳男性）：「私は戦争の話は絶対に口にしなかった。誰にも話したことがなかった。話すと思い出すからイヤ。思い出したくないから。でも、あなたが話を聴きに来てくれて、聴いてくれる人がいれば、自分は自分の体験を話したかったのだと気づいた」
- C（73歳女性）：「この前の報告会に行って、他の人はこんなことを思っていたのだねぇと思った。もっと話をしてみたくなった。戦争の時代を生きてきた人たちが、どんなことを思っているのかねって」
- D（90歳女性）：「昔はよくいろんな話をしていたけど、子どももみんな出て行って、友だちもだんだんあの世に行って……。だんだんひとりになっていく。死ぬことは怖くないけど、誰か話をしてくれる人がいたらなぁと思うことがある」
- E（75歳男性）：「戦後、いろんな人たちが自分たちのところに寄ってきた。戦争体験の話を聞かせてくれとか、私たちのことを救いたいとか言って。でも、それはそっちの勝手というか、興味本位。自分たちの求めていることと違っていた。そういう押しつけみたいなのは、もう勘弁って感じ」

分たちが求めていることと違う」と感じていたという声に接し、自分自身の研究はどうなのかということを突き付けられた気がした。そこで、研究という形にするかしないかは別として、今はただ、ニーズにできるだけ寄り添えるような実践をしていこうと決意したのだ。

4．サポート・グループという実践研究

　2004年から「地域で戦争体験を安心して語り合える場」（語らいの場）の実践を始め、10年を超えた。手法は、サポート・グループの理論に依拠している。高松（2009）は、今後も概念の変更は考えうるとした上で、サポート・グループを次のように定義している。「サポート・グループ（support group）とは、特定の悩みや障害を持つ人たちを対象に行われる小グループのことである。その目的は、仲間のサポートや専門家の助言を受けながら、参加者が抱えている問題と折り合いをつけながら生きていくことである。専門家あるいは当事者以外の人びとによって開設・維持される

が、参加者の自主性・自発性が重視される相互援助グループである」(高松, 2009)。私自身は、いわゆる「グループ」というものが苦手であったし、サポート・グループを運営することなど初めての経験だった。とても不安だった。しかも、当時は福岡に在住し、博士課程に通いながら臨床をし、週末には沖縄で研究をするという日々を送っていた。また無謀なことを始めたと笑われもしたが、それでも何とかやってこられたのは、仲間やスーパーヴァイザーの先生の支えのお陰である。そして、資金面では日本学術振興会の研究費(特別研究員)をいただいていた。ありがたいことである。

さて、本節では、沖縄の7地域で立ち上げた語らいの場の実践について、立ち上げ段階とセッション段階の2つに区切り紹介する。読者のみなさんの中に、地域でサポート・グループを始めたいという方がいれば、わずかではあるが指針になればと思う。

(1) 立ち上げ段階

立ち上げの段階で最初に行ったのは、グループの実践経験が豊かな先生にスーパーヴァイザーを依頼することであった。個別の臨床よりもグループの動きは複雑で、気づかぬうちに客観視できなくなることがよくある。運営面においても煩雑になりやすい。そのため、少なくとも月1回の定期的なスーパーヴィジョンを受けられる体制を作ることが大事である。

① スタッフの体制作り

共にグループを運営していくスタッフとして、地域の保健師にお願いをした。前述のように、私は福岡から沖縄に通っていたため、グループ時間外のメンバーのフォローアップが適宜行えない可能性があった。また、地域の居場所としての機能も継続的に維持していくためには、地域の保健師の協力を得るのが良案ではないかと考えたのである。役所に企画案を見てもらい、会議に出席させていただいて趣旨説明を行い、数回の会議の後にようやく了承が得られた。各地域の保健師は、立ち上げ時からフォローアップまで、大事な役割を担っていただいたパートナーである。サポー

ト・グループをはじめ、エンカウンター・グループなどのグループ・アプローチのスタッフは、ファシリテーターと呼ばれる。サポート・グループのファシリテーターの役割は、「メンバー同士が話しやすい雰囲気を作り、お互いの援助能力を最大に発揮してもらう」場所をつくることである（高松, 2004）。1グループにつき、私と保健師の2名がファシリテーターとして入るというスタイルを続けている。

　しかし、当初は心配なことだらけであった。保健師も私もグループのファシリテーターの経験はほとんどない上に、お互いのことをよく知らない。そこで、7地域の7名の保健師と私とで、月1回ペースで「スタッフ準備会」を開いた。まずは、私の想いを伝えた。「研究者主導」ではなく、メンバーとともにグループを創っていく「参加者（体験者）中心」の視点で進めていきたいということ、メンバーからいろいろと教えてもらいながら、各ファシリテーターの持ち味のままでその場に居られればいいということを話した。「その場、その時で、思ったことや感じたことを生かしながら、何が起こるかわからないグループの醍醐味を楽しみながらやっていこう」というグループ観のようなものが、個々のスタッフの中で醸成されていったようだ。そして、具体的なファシリテーションのやり方についても話し合った。言い争いが起きたときや、誰かが時間を独占するようなことがあったときの対応など、グループのファシリテーションに関する文献も用いて学び合った。

　最も時間を要したのは、戦争体験をテーマに語り合うことについて、各スタッフがどのように感じ考えているかを共有することであった。スタッフ全員が沖縄の出身であり、どのスタッフにも、家族に沖縄戦の犠牲者がいた。幼い頃から、家族や体験者から沖縄戦での悲惨な体験話を聴き、「戦争の話はしたくない」という戦争体験者が大勢いるということもわかっていた。そのため、語ることでつらく悲しい体験を思い出して不安定になってしまい、日常生活の中に持ち越される可能性が非常に高くなるのではないか。不眠になり、体調を崩す方が出てくるのではないかという点を心配

する声が多く上がった。私自身が最も心配していたことでもあった。しかしそれでも、戦後から60余年を経て、「語ることができるのはもう今しかない、だから、語りたい」という方々の想いに寄り添うことを、可能な限りの配慮のもとでやってみようということになったのだ。

② 地域・場所

メンバーだけではなく、地域にもニーズがある。研究のための一過性の居場所ではなく、継続性のあるものにしたいのであれば、地域のニーズも把握しておいたほうがよい。保健師や役場職員などから地域の実情をうかがった。独居者数、家族形態、高齢者同士の人間関係のつながり、自治体としての高齢者支援の施策などの情報を得た。また、私の研究の場合には、沖縄戦当時の地域の情報についても収集したことが、サポート・グループの運営上、大変役に立った。そうやって役所に何度も足を運んでいると、実施者がどんな人間なのかがわかってくると言われたことがある。そして、7地域ともにメンバーが参加しやすい場所を貸していただけることになった。地域臨床をする際には、地道な下地作りが大事である。

③ 説明会

いよいよ、メンバーを募る段階である。フィードバック会を行った地域において、語らいの場の趣旨説明会を開催した。それまでの研究成果を改めて報告し、戦争体験を安心して語り合える場を求めている人たちがいることを伝えた。説明会終了後すぐに、数名から参加意思が告げられたが、「個別に話をする機会を1週間後に設けるので、そのときにゆっくり時間をかけて決めましょう」とだけ伝えた。

④ 導入面接

1週間後、全地域合わせて90名の方が集まった。迷いながら来てくださった方も多いのだろうと思い、一人ひとり丁寧に面接をした。再度、沖縄戦当時の話を語りたい範囲で語ってもらった。そして、語らいの場に参加した際にも、どの程度の話を語るのかを各々の基準で決めておいてほしいことや、他の人の語りに触発されて、話さないでおこうと決めていたこ

とも話をしてしまったり、思い出したくないことを思い出してしまったりすること、心身の不調が続いたりすることもあることを説明し、気持ちの準備をしてもらう期間をさらに1週間取った。要望があれば、参加希望者の家族からも個別の配慮点などについて聴き取った。疾病（特に精神疾患、認知症）等で受診中の場合は、担当医の承諾を得てもらうことにし、承諾が得られなかった場合には、オブザーバー参加あるいは参加をご遠慮いただいた。

　この立ち上げ段階だけで約1年間かかった。特に、スタッフ準備会 複数回の導入面接には時間をかけた。戦争体験だけではなく、虐待や犯罪などのトラウマティックなテーマを扱うサポート・グループを実践する際には、グループの安全性を保つための準備が特に大切である。グループは安全感・安心感を基盤に展開し、その後メンバー個々の所属感が育まれていくので、土壌づくりが肝となる。

(2) セッション段階
① 基本ルールと枠を共有する
　メンバーが確定して約半年後、いよいよグループ・セッションが始まった。1グループ8～15名のメンバーが集まった。最初に行ったのは、基本ルールと枠の設定である。ここは、私のほうから案を出して、メンバーの意見を出し合い、みんなで決めていくスタイルで進められた。ルールは、グループで話されたことは他の場所で話さない（プライバシーを守る）、みんなが各々のペースを大事にする（話したいことだけを話す、無理に話さない）、批判をしない（心の中で思うことは自由だけど、批判的な態度で相手を攻撃しない）、みんなのグループだということ（なるべく時間を独り占めしないように気をつける）の4点となった。枠については、1年を1クールとすることと月1回実施は共通だが、1回のセッション時間、場所はグループによって異なる。そして、グループの名前を決めた。表2は、2005年当時の各グループの概要を整理したものである。

第Ⅱ部　育む

表2　各地域の「沖縄戦体験者の語り合いの場」の概要（吉川，2008を改変）

	メンバー	平均年齢	メンバーの特徴	地域の特徴	場所	グループのニーズ	グループの内容
A地域	11名（女8，男3）	75.9歳	・11名中9名が独居だが、全員日常的な付き合いあり・学徒動員を経験した元教員が多い	・都市にあり独居高齢者の多い地域・昔から人々の結びつきが強い	公民館	戦争を体験した世代で「語る」ことを大事にしたい	・各々の戦争体験にまつわることをテーマに設定して語り合う・各セッション終了後に次回のセッションのテーマを決めていく
B地域	8名（女4，男4）	79.8歳	・全員が独居・日常的な付き合いはほとんどない者同士・難聴者1名	・都市にあり近隣付き合いがほとんどなく高齢者が孤立しがち・地域高齢者の居場所を望む	宿泊施設、公民館	戦争体験のみならず、自由にその時々のことも語り合いたい	・慰霊の日(6月23日)の前後に宿泊セッション実施・当時を思い出させるような物を持ち寄って語り合う
C地域	9名（女5，男4）	78.0歳	・半数が独居。あまり交流がない。要介護者1名・半数は日常的な人間関係あり・戦時体験は多様（兵士、学徒動員、孤児、さまよう等）	・都市にあり近隣付き合いはとんどない	各地へ移動	メンバーの思い入れのある場所へ出かけて体験を語り合いたい	・初回と最終セッションは公民館で実施・2～6セッションはガマ、友人・家族が亡くなった場所、戦闘地などに出かけて語り合う
D地域	12名（女8，男4）	80.0歳	・全員がゲートボール仲間で、各家族の状況を互いに知り合っている。日常のもめごともあり・全員が子どもの頃からその地域に住んでいる	・大家族世帯が多く、世代間交流もある・沖縄戦の激戦地。戦争で家を失った世帯が多い	各メンバーの家庭で	家族にも自分の体験を聴いてもらいたい	・毎回話者を立て、持ち回りで各メンバーの自宅にて実施、家族もセッションに参加（映像撮影し話者が持ち帰る）・話者の話しやすいやり方で話をする
E地域	10名（女4，男6）	82.8歳	・グループ設立当初にニーズの違いで分裂。反戦運動ではなく「語り合い」をしたい人だけが残った・難聴者1名	・米軍基地を有しており、米軍による様々な被害を受けてきた地域	公民館	戦争が人生に与えた影響を中心に、各々の人生について語り合いたい	・慰霊の日の戦没者追悼式に全員で参列
F地域	8名（女5，男3）	82.6歳	・基地にまつわる事故以降、グループのニーズの違いが生じ解散。「語り合い」をしたい人だけが残った・調査研究に参加していない者2名	・農村地域で近隣付き合いが比較的あるが、若者が少ないため活気がない	公民館	戦争体験のみならず、これまでの人生の想い出を語り合いたい。互いが知り合える機会にしたい	・慰霊の日の戦没者追悼式に全員で参列
G地域	15名（女9，男6）	79.3歳	・離島・固定化した人間関係があり互いのことをよく知っている。窮屈さを感じている者もいる	・地域の子どもたちに戦争体験を継承する機会として、小学校とタイアップした企画作りができないかという依頼あり	公民館、小学校	同世代の仲間たちと語り合うことと、子どもたちに戦争体験を伝える機会にしたい	・前半：子どもたちにどのようなことを伝えたいかを中心に話し合う・中盤：小学校で子どもたちと共にメンバーの戦争体験をもとに演劇・後半：これまでのセッションを振り返り、最後に詩集を作成する

② ニーズを共有しグループの方向性を考える

次に行ったことは、各々がグループにどのようなことを求めているのかを共有し、1クールのグループの方向性を考えた。方向性というのは、何かテーマを設定して議論していくのか、その時々に語り合いたいことを語り合うのか、沖縄戦の体験に限定するのかしないのか、場所は固定するのかどうか、進め方はどうするのかなどである。表2のように、これも各グループで異なる。

顔を合わせるようになって2～3回経過すると、人にもグループにも「色」が出始める。積極的にリーダーシップを発揮する方と控えめな方、自分の想いを大いに語る方と語らずにいる方、じっと沈黙が長く続くグループと絶えず誰かが言葉を発しているグループ、もともとの人間関係があるグループとそうでないグループなど、各々の「ペース」で時を過ごすようになり、グループのダイナミクスが生まれる。ファシリテーターの役割としては、タイムキーパー、グループが停滞したときに助け舟を出す、メンバーが傷つきそうな場面をコントロールする、よく見る、よく聴く、基本ルールを維持する、「今、ここ」で何が起きているかに注目する、混乱した場面を整理する、グループ内の否定的な感情を明確にするなど（高松, 2004）あるが、この部分は言葉にしようとするほど実際から少しずれていく感覚がある。サポート・グループを立ち上げてみたいと考えている方は、一度ぜひ、エンカウンター・グループなどに参加してみることをお勧めしたい。

③ フォローアップ

毎回のセッション後には、フォローアップの時間を個別で取るようにした。体験を語ったり、他の人の話を聴いたりすることで、精神的な落ち込みがないか、不安感などが強く残っていないかなどを対話で確認するためである。私はセッション後に沖縄を離れるスケジュールが多かったため、フォローアップは保健師の尽力によるところが大きい。

④ 変化するニーズに即したオーダーメイドのサポート

少しだけ現在の状況を紹介したい。2015年3月現在、7地域のグループのうち3つは継続中であるが、始めた頃は73名いた参加者はかなり減った。次々に逝去する仲間を見送り、残された者たちのニーズはさらに変化している。グループでの語らいも続けているが、個別のニーズも顕在化してきた。人生の最期を意識した総括の時期に差しかかっていることを強く感じる。現在は、「見える形で」自分史を整理できる方法（映像や写真、絵を用いた方法）をリサーチパートナーと開発している（吉川，2014）。その内容については、別の機会に発信したい。

以上、ここまで、リサーチパートナーと共に研究を創っていくということについて、私自身の研究変遷をたどりながら記してきた。しかし、率直に言って、「戦争体験」という研究テーマは稀である。そのため、共創の視点は他に汎用できないのかと思われがちなので、次節では、他の研究テーマに汎用させたらどうなるかを考えてみたい。

5. 共創の視点は他の研究にも汎用できるか
(1) 共創のポイント

例を挙げる前に、共創の視点で大切なことは何かを整理したい。前述した研究変遷の中で、研究の意味ある転回点となっていたのはどの地点だろうか。現象は点在しているのではないが、調査研究のフィードバック会を開催したことが一つのポイントではないだろうか。

読者のみなさんも、大学の講義等で、「心理学の研究のためのアンケート調査」に一度は参加したことがあるだろう。しかし、研究結果のフィードバックを受けたことがあるかを尋ねてみると、その数は減ってしまうだろう。冒頭に紹介した私自身の中学1年生の頃のさせられた体験は、少なくとも、その研究が何のために行われるのかをきちんと説明されていれば、受ける印象は違っていたと思う。つまり、リサーチパートナーが子どもであれ、重度の認知症を抱えた方であれ、相手にわかるように説明し、

成果をまとめたら、リサーチパートナーに役立つようにフィードバックする。これは、臨床現場でクライエントと心理面接を始める際にインフォームド・コンセントを得て、クライエントの役に立つように査定結果をフィードバックするということと同じことである。

(2) 共創の視点の汎用
①「理想の教師像」に関する調査研究
　これは、ゼミの学生が卒業論文で取り組んだ例である。将来、教職に就くことを目指しているその学生は、「生徒から慕われる先生になりたい」という。でも、慕われる先生ってどういう先生なのかがよくわからない。そこを知りたいというのがその研究の発端であった。「教師観」というのは教職研究の主流で、「教師とはこうあるべき」という教育関係者の視点からの理想像が描かれていることが多い。そうではなく、視点を「子どもたち」に据えた「理想の教師像」を知りたいと思ったその学生は、まず、小学6年生、中学3年生、高校3年生にアンケート調査を実施した。「あなたの好きな先生はどんな先生ですか?」というとてもシンプルな質問を子どもたちに投げかけた。担任の先生、ドラマや漫画の中の先生など、子どもたちは自由な発想で応えてくれた。その結果を発達課題の視点から分析して卒業論文を終える予定だった。しかし、「こういうふうに考えているのは私だけなの?」と一人の児童から尋ねられたという。その声をきっかけに、この学生はリサーチパートナーである約300名の子どもたちに再度会いに行った。デジタルカメラで一言コメントを撮影し、「わたしの好きな先生」という30分弱のショートムービーを作成した。そして、子どもたちを集めて上映会を開催し、その感想も含めて卒業論文としてまとめた。非常におもしろい研究だった。

②「元ヤン」のサポート・グループでの一事例
　これは現在、私が実践している地域臨床の一つである。いわゆる非行少年と呼ばれる子どもたちは、大人になっても「元ヤン」と後ろ指をさされ

第Ⅱ部　育む

る。狭い地域で暮らしているとなおさら肩身が狭く感じられることがある。過去のことは関係ないと跳ね返すことができる人もいれば、そうできない人もいることを知り、2011年から「元ヤン」の人たちとのサポート・グループを始めた（吉川, 2015）。多少尖った言葉が飛び交う語り合いの中で、義務教育の時期に、家庭にも学校にも居場所がなく寂しい思いをしていたことや、教師からの無用なレッテルに苛立ちを覚えていたことが赤裸々に語られる。いつしか、「見た目だけでその人を全否定しないでほしい」というメッセージを発言したいという青年が現れた。その青年に、「このメッセージをどこに向けてどのように伝えていきたいか」を尋ねてみると、「母校で自分の口で想いを伝えてみたい」という。そこで、ある中学校に講演会を開催していただけるよう交渉を重ね、実現することができた。かつての自分、かつての恩師に語りかけるように、自分のメッセージを涙ながらに伝えようとする姿に胸を打たれた。このように、リサーチパートナーのニーズを可能な限り実現に近づけるようサポートしていくことも、共創の視点の大事なポイントである。

　以上の例から考えてみても、成果をフィードバックする機会や、グループ実践の中で湧き上がってきたニーズに応えようとするタイミングで、不思議と研究が展開していく。また、調査研究であっても事例研究であっても、リサーチパートナーの自己実現が期待できるのが、共創の視点である。

6. おわりに

　おそらく、読者の多くは、これから本格的な研究に取り組むのだろう。高著に載っている知識をしっかり習得し、自分の興味のある技法の熟達者に教えを請い、自分で「使える」ようにしておくことは大事なことである。しかし、その技法を「使える」ことを証明するためだけの「研究者主導の研究」はしてほしくない。そのことについては、多くの先達によって述べられていることである。心理臨床の研究には、必ず「人」が関わっている。時間とエネルギーを費やし研究に協力してくれる人がいる。その人への感

謝の念を忘れずに、真摯に研究に向き合ってほしい。研究者の知的好奇心が発端となって人を巻き込み、相手の時間を使わせてもらう。それが研究である。やるなら覚悟を持ってトコトンやってほしいと私は思う。そしてそれをきちんとフィードバックしてほしいと思う。共創という視点は、何も新しい概念を提示するものではない。根底にあることは、きっと誰もが就学前に教わったことであろう。シンプルに、「人」を大事にするということである。

　そして、研究するということは、意識的あるいは無意識的に、自分の根幹に関わる大切なテーマと向き合うことだと思う。研究テーマを育み、何らかの形にしようとする作業は、自分自身に一本筋を通す作業に似ている。論文執筆の段階では、五感をフルに使って得たデータをすべて用いるわけにはいかない。少しずつそぎ落とす作業は、自分自身にとっての大事な一部が削られるような感覚を味わうこともある。時には立ち止まりたくなることもあるだろう。しかし、研究は研究者一人でやっているのではない。そんなときは、目の前のリサーチパートナーに「この研究はあなたにとってどういう意味があるのか」を尋ねてみてほしい。言葉の背景にある心情をうかがいながら解釈してみると、今後の研究の方向性が見えてきたり、目の前の霧がクリアになっていったりすると思う。

　そんな私も、今、再び悶々とした自問無答状態に陥っている。これまで、リサーチパートナーから聴き受けた平和への想いを、国際学会の場で世界へ発信してきた。しかし、戦争を連想させる基地は沖縄に増え続け、世界で引き起こされる紛争は絶えない。『鋼鉄のシャッター』(Patrick, 1978/2003)のような実践につながればという気持ちでやってきたが、沖縄から平和への想いを伝えたところで、世界は変わらないのではないかと思うことがある。その問いへの答えはまだわからないが、おそらく私はまた「続ける」ことを選ぶのだろう。戦争を体験してなお生き続けてきた人々の生き様から学ばせてもらったのは、そのことだと思うからだ。

第Ⅱ部　育む

引用文献

森岡正芳（2014）．研究という実践――論文執筆の前に　森岡正芳・大山泰宏（編）臨床心理職のための「研究論文の教室」　金剛出版　pp.2-6.

森岡正芳・大山泰宏（編）（2014）．臨床心理職のための「研究論文の教室」　金剛出版

村山正治（2005）．ロジャースをめぐって――臨床を生きる発想と方法　金剛出版

Patrick, R. (1978). *The Steel Shutter*. Unpublished.（畠山稔・東山千津子（訳）（2003）．鋼鉄のシャッター――北アイルランド紛争とエンカウンター・グループ　コスモスライブラリー）

高松里（2004）．セルフヘルプ・グループとサポート・グループ実施ガイド――始め方・続け方・終わり方　金剛出版

高松里（編）（2009）．サポート・グループの実践と展開　金剛出版

津川律子・遠藤裕乃（2011）．初心者のための臨床心理学研究実践マニュアル第2版　金剛出版

やまだようこ・麻生武・サトウタツヤ・能智正博・秋田喜代美・矢守克也（編）（2013）．質的心理学ハンドブック　新曜社

吉川麻衣子（2004）．戦争体験からの回復過程に影響を及ぼす要因に関する探索的研究――沖縄県高齢者の生活史調査と調査研究を通して　研究助成論文集（明治安田こころの健康財団），39，131-140.

吉川麻衣子（2008）．沖縄県における「戦争体験者中心の語り合いの場」の共創に関する研究――調査と実践の臨床心理学的・社会的・歴史的意義　九州産業大学大学院国際文化研究科博士学位論文（未公刊）

吉川麻衣子（2014）．人生の最期に向かう沖縄戦体験者との「見える物語綴り法」の共創に関する探索的研究　平成25年度～平成27年度科学研究費若手研究（B）報告書

吉川麻衣子（2015）．非行少年等の心理教育的支援を目的としたエンカウンターグループ実践――グループ・プロセスと少年の参加体験の分析を中心に　沖縄大学人文学部紀要，17，113-120.

吉川麻衣子・田中寛二（2004）．沖縄県の高齢者を対象とした戦争体験の回想に関する基礎的研究　心理学研究，75（3），269-274.

参考文献

吉川麻衣子 (2009). 沖縄県の戦争体験者のサポート・グループ　高松里 (編) サポート・グループの実践と展開　金剛出版　pp.178-189.

吉川麻衣子 (2011). 沖縄県の戦争体験者のいま　松尾精文他 (編) 戦争体験の継承——語りなおす現場から　社会評論社　pp.65-85.

第4章

実践の中からいかに新しい技法を作っていくか

緒方　泉

1. 老人ホームの高齢者とのワークショップ
　　──進行に伴う悶々とした日々

　2002年6月、17年務めた公務員を辞し、大学美術館に転職した。開かれた大学づくりの拠点として、「美術作品（絵画・写真・デザイン・工芸）」を展示する展覧会活動はもちろん、依頼を受けた幼稚園、小学校、障がい者施設、そして老人ホームなど様々な場所に出向いて、「表現する楽しさを人に伝える」ワークショップを開催した。

　ワークショップには大学に芸術学部があるため、日頃からものづくりに励む学生が多く参加した。中でも、F市の老人ホームで開催した「芸術教室」活動に力を注いだ。というのも幼稚園、小学校、障がい者施設に比べ、一番苦労したためだった。「芸術教室」は毎月1回、午後から入居者を対象に実施した。老人ホームの副所長からは「陶芸や体操などの趣味のサークルがあります。若い頃、趣味で絵を描いていた人もいます。若い学生さんと一緒に絵を描くと喜ばれるでしょう。また認知症の方もいます。最近ふさぎ込みがちなので、気分転換になるといいのですが」と言われた。趣味で絵を描いていた人が参加するならば、まずは静物画だろうと思い、花屋で買った花を見ながら、水彩絵の具やクレヨンで描く時間を持った。

　何回か回を進めると、いろいろなことがわかってきた。

65

① 固定してきた参加者の平均年齢が70歳を超えること。
② 入居者は必ずしもＦ市出身でなく、終の住処としてこのホームを選んでいること。
③ 車椅子で参加する人は途中で退室するケースが多いこと。
④ プログラム進行中に急に歌ったり、同じことを繰り返ししゃべったりする人がいること。
⑤ 最初から最後まで黙って、絵筆を持とうとしない人がいること。
⑥ 席の座り方がお話グループとそれ以外のグループに分かれていったこと。

特にハッとさせられたことは、お話グループの人が「いやね、あんなふうになりたくないわね」と急に歌い出した参加者を見て言った言葉だった。また、5回ほど経過して急に参加しなくなった人がいた。不思議に思って聞いてみると、「先月お亡くなりになりました」と副所長から言われた。

この頃から「果たして『趣味の芸術教室』でいいのだろうか」「絵を描くというプログラムを提供することが参加者の『意味のある時間』になっているのだろうか」「もっと一人ひとりに『寄り添う時間』を作る必要があるのではないか」「『限られた時間を生きる参加者』に何ができるのだろうか」「認知症高齢者は『表現活動への参加』ができないのだろうか」「認知症高齢者が発症すると『残る記憶』はどういうものだろうか」、さらに「『ケアする』とはどういうことなのだろうか」と、次々と疑問が湧き上がる中、悶々としながら、毎月の「芸術教室」を続けていた。しかし、今思い返してみると、こうした焦燥感を伴う内省の時間は次のステップに役立つこととなっていた。

2. 認知症高齢者と向き合い研究を進める
(1) 自分らしく生きるための援助法の開発
「表現とは、描画に何が描かれているかということよりも、描画がどの

ように描かれているかということと関係がある」(Koch, 1957/2010)

　これは、バウムテストを創案した心理学者カール・コッホ (Karl Koch) の言葉である。表現の結果＝作品はもちろん、そのプロセス＝制作活動に注目することに意味があり、私たちはプロセスからクライエントそれぞれの「今、そして来し方」を知る機会が得られる。

　ここからは、社会人入学の3年間の博士後期課程在学中に考案した「集団回想描画法」について話してみたい。これは、認知症高齢者の生活の質 (Quality of Life: QOL) 向上を図るため、回想法、描画法、音楽療法、PCA (パーソン・センタード・アプローチ) グループ法をつなぎ合わせ、それらを一つの統合的心理的援助法として開発したものである (緒方, 2011)。

　老人ホームの入居者は、全国各地からそこを「終の住処」と選び、入居してきたものの、新たな隣人関係がうまくいかず自室に閉じこもりがちになっている方々、認知症が発症し日々薄れていく自分と格闘する中で、妄想や徘徊などの周辺症状にさいなまれる方々など様々だった。老人ホームの日々の生活はどちらかというと食事、排泄、娯楽、軽運動と規則的に全体的に、そして事務的に平均的に進行する傾向になりがちである。

　考案した集団回想描画法は、四季折々の歌を歌い、果物、野菜を五感で楽しみ、そこに生まれるなつかしい事柄を回想することから始める。参加者は、イメージされる回想を描画という方法で視覚化し、さらにその描画を他の参加者と共有し、語りの輪を広げていく。このグループワークには毎回芸術を志す大学生も参加する。参加者の回想、そして描画を手助けする役割は孫のような大学生が担う。回を追うごとに、五感を豊かに活用したこれまでの生活体験が、参加者のなつかしい回想として語られていくようになった。そうした回想をゆっくり聴き、それを描き視覚化していくと、参加者の生きてきた道、来し方についての記憶の糸が紡がれ、かすかなまとまり、物語となり、「言葉の出口」が開かれていく。そのかすかなまとまり、物語は日々老いと向き合う参加者、そして介護者、学生相互に、何かほのぼのとした温もりを吹き込んでいくように感じられる。

第Ⅱ部　育む

　表現活動は、身体性、欲求、感情、知性、言語、非言語、自己理解、他者理解、生活観、そしてそれらの発達等が様々に動員されるという、極めて人間的な行為である。どのような小さな表現活動であれ、それは自己の世界を創り出すことで、まさに生きている証しを得ることになる。そして、その表現活動の一つに集団回想描画法がある。私の指導教員は、集団回想描画法について以下のように評している。

　「集団回想描画法は認知症高齢者を治すのではなく、『自分らしく生きることへの援助』が目的である。認知症高齢者は『治療なし』『助けなし』『望みなし』『体を残した死』と言われているという。これらの言葉には、認知症高齢者への尊厳および尊敬がないし、人間と見なされていない感じがする。そこでこの人たちに、著者が『自分らしく生きる機会』を提供する目的で方法の開発を行ったことは極めて独創的なことである。同時に、現代社会への挑戦であると感じる。この方法は単なる治療法というよりは、人生最期の生の充実を生きる時間の提供である」

(2) 実践の中から生まれた集団回想描画法
① 高齢者の絵画を分類し、分析する

　まず試みたことは、「高齢者は何を記憶しているか」について調べることだった（緒方，2005）。記憶についての聞き取り調査も考えたが、F市のふるさと館が「なつかしい暮らし」をテーマに実施する「高齢者絵画展」に着目した。出品者は57歳から95歳までと幅広く、また水彩、油彩、水墨、クレヨン、貼り絵など約100点が集まった。

　出品作品には作者が題名と簡単な説明を添えている。例えば、87歳の男性による作品（図1）は「我が家のお正月風景（大正15年頃）」と題され、以下のような説明が添えられている。

　「元日は家の者、店の人たちとおぞうになどをたべます。そして正月を祝います。私もお正月は『ツルポッポ』のお膳に座るのが楽しみのひとつでした。今でも心の中に楽しい思い出として残っています。母が作ってく

68

第4章　実践の中からいかに新しい技法を作っていくか

れた博多ぞうにの味は私がそのまま受け継いでいます」

　この作品は、大正15年（1926年）頃、今から90年近く前、作者が8歳のときの正月風景である。8畳ほどの座敷の奥には鏡餅が据えられ、商売を営む作者の家族や従業員など11人が着物姿で一堂に会して

図1　「我が家のお正月風景(大正15年頃)」(87歳、男性)

いる。8歳の作者と姉か妹の2人は、座敷の土間際に肩をすぼめ、かしこまって正坐している様子が見られる。また、それぞれの前には正月料理がのる「ツルポッポ」という銘々膳が用意され、大き目の椀に入った雑煮を食べている。さらに土間には一斗樽や一升瓶が整然と並べられ、樽の上には鏡餅が置いてある。柱時計は午前10時20分を指し、鴨居には2枚の賞状が飾ってある。このように室内の様子が克明に描かれている。日頃、商売が忙しく家族や従業員が一堂に会する機会がない中、正月は唯一大人たちと一緒ににぎやかな食事ができたのだろう。また、大人に交じり、銘々膳が用意され、肩をすぼめ、かしこまりながらも一人前に扱われた作者の喜びが後ろ姿からもうかがえる。母が作った博多雑煮（焼きアゴ（とび魚）でだしをとったすまし汁に、ゆでた丸餅、具にブリを入れるのが特徴的である）は作者の視覚、味覚、触覚、嗅覚に、そして正月という特別なときに大人たちに交じって博多雑煮を食べながら会話したことは、作者にしっかりと残る生活体験になったと推測される。

　こうした高齢者の絵画と作品説明から、出品した高齢者一人ひとりが「なつかしい暮らし」をテーマに自身を回想すると、五感に残る生活体験が沸々と湧いてきて、それを丁寧に描画していくと、絵画として視覚化さ

れたものを通して、感覚刺激が作用し、その味やその音までもが確実に蘇ってくることがわかった。

② 行動観察記録を克明に、間主観的に記録する

次に、「芸術教室」に参加し、自然風物が感覚刺激に働き回想が進んだ典型的なAさんの行動観察記録を紹介したい（緒方，2009a）。

Aさんは参加当時93歳の男性で、東北地方出身。戦前の逓信省無線電信講習所を卒業後、灯台の無線技師として働いた。この老人ホームには夫婦で入居したが、Aさんは介護居室、妻は一般居室と別々に暮らしていた。日中は妻が介護居室に来てAさんの介護をするという毎日で車椅子を使用していた。

なお、毎回の「芸術教室」の記録は、①「芸術教室」の作業内容を事前に老人ホームに連絡、時間配分、作業内容が参加者に負担がないか確認する、②当日の作業風景はカメラ、ビデオで記録する、③当日作業終了後、老人ホーム関係者、学生と振り返りを行う、④大学に戻り、参加者の行動観察記録を振り返り、写真、映像などからエピソード記述（鯨岡，2005）としてまとめる、⑤それを老人ホームにファックスして確認を取る、という手続きを経て完成させた。

▼200X年5月（参加回数：2回目）

　ドクダミの花等の、参加者が子どもの頃に田んぼの周辺で見ていたと思われる草花を持参し、それを見たり匂ったりして五感を刺激しながら昔を回想する導入を行った。

　ファシリテーター（筆者、以下F）は「田んぼの周りに咲いていたドクダミの白い花がきれいだったので持ってきました。みなさん、触ったり匂いをかいだりしてくれませんか」と話しかける。参加者と学生にドクダミの花の匂いをかいでもらう。

　学生「何かへんな匂いですね。ツーンとしますね。Aさんはどうですか？　何か子どもの頃で思い出すことはありますか？」

第4章　実践の中からいかに新しい技法を作っていくか

　Aさん「子どもの頃はね、近くの小川にドジョウを獲りに行ったよ。長い竹竿に縄で結んだ細長いザル（筌）をたくさん吊るしたよ」
　学生「どんなものなんですか？　描いてみてくれませんか？」
　Aさんは、躊躇することなく画用紙にクレヨンでその様子を描き始めた。長い竹竿を描き、そこに縄で結ばれた筌を丁寧に吊り下げていく。そしてそれを担ぐ人も画面右手に描いた。
　学生「それはAさんですか？　重たかったでしょう？」
　Aさん「ザルを前に40個、後に40個くらい吊るしたよ」
　画面には前に6個の筌（Aさんは「ザル」と言う）を描き、そこに「前に40個」と文字を入れる。楽しそうに話をしながら描いていると、いつの間にか画面がいっぱいになった。空白のある左下に自分の姓を書いて終了とした。

▼200X年6月（参加回数：3回目）
　前回、Aさんの話にドジョウが出たので、田んぼで捕まえたおたまじゃくしやタニシなどの生き物を持参した。
　女性の参加者が水槽で泳ぐおたまじゃくしに「かわいいね」などと言っているとき、Aさんはタニシを手にしていた。おもむろに「ドジョウはね、タニシをつぶしたエサに集まるんだ」という話が出てきたので、Fは前回のドジョウ獲りの筌が描かれた画用紙をAさんの前に置いた。前回右端に伸びた筌を支える竹竿が途中で切れていたこともあり、また話がドジョウということもあったので、学生はその画用紙の横に新しい画用紙を置くと、竹竿をその新しい画用紙につなげて延ばしていく。今度は後に4個の筌を、そしてその前に斜めに交差した竹竿を描く。筌を引き上げたときに、載せる台のようになっている。
　学生「Aさん、これは何ですか？」
　Aさん「川から引き上げた竹竿は重たいから、この台に引っかけて、ザルの中に入っているドジョウを集めるんだ」

第Ⅱ部　育む

　　学生「いつもたくさん穫れるんですか？」
　　Aさん「ザルの中には、タニシをつぶして入れておくとよく獲れるよ」
　筌の中には、エサとして入れたつぶしたタニシやドジョウを描いた。そこに「ドジョウのえさ」「タニシをつぶしたもの」と文字も書き入れた。
　　学生「そんなにたくさん穫って家で食べていたんですか？」
　　Aさん「いいや。食べもしたが、大半は小遣いにしていた。バケツに入れて市場に持って行って、売るよ。結構な小遣いになっていたよ」
　　学生「へぇー、小遣いですか？　友達同士で協力して獲りに行ったりもしたんですか？」
　　Aさん「いいや。いつも一人で行っていたよ。だから、人に仕掛けが見つからないように、夕方、陽が沈んでから川に仕掛けに行って、朝も陽が昇る前、暗いうちに、そうだな、朝3時くらいかな、仕掛けを上げに行っていたよ。1回に20～30匹くらい獲れていたよ」
　今回はドジョウの穫り方を無口そうに見えるAさんが立て板に水のごとく一気に話していたため、なかなか筆が進まなかった。

▼200X＋2年11月（参加回数：22回目）
　Fは秋恒例の「高齢者絵画展」応募のためのテーマを説明する。なつかしい風景ということで、灯台で無線技師をしていたAさんなので、「Aさん、船の絵を描きましょうか」と言うが、何かピンとこない顔をしている。看護師に、帰りたいと言う。そこで、Fは再び「Aさん、前はドジョウの話をしてくれましたよね。ザルにタニシを入れてドジョウをたくさん獲って、売ったんでしたよね。今日もドジョウのお話を学生にしてくれますか」と言うと、少し落ち着きを取り戻し、学生にドジョウの話を始める。今回、学生は無理にAさんに描かせるようなことはせず、Aさんの一言一言を描画して視覚化していった。Aさんが「タニシはつぶしてエサにする」と言うと、「こうですか」と言って鉢でタニシをつぶす絵を描く。

第4章　実践の中からいかに新しい技法を作っていくか

　すると「そうそう」とAさんはうなずく。「ザルはドジョウが入っても逃げないように返りがある」と言うと、「こうですか」とAさんの話を忠実に描画していくことに専念している。ますますAさんは話を続けていく。

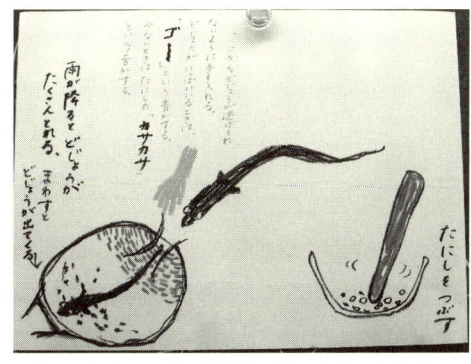

図2　Aさんのドジョウ獲りの様子を描いた作品

　「ドジョウはここから入ってくる」「ここからドジョウが逃げられないように手を入れる」「ドジョウがいっぱいいるときは『ゴー』という音がする」「少ないときはタニシの『カサカサ』という音がする」

　こうして、学生の忠実な描写によって、Aさんのドジョウ穫りの様子が今まで以上に具体的に理解できる作品ができた（図2）。最後に名前だけは自分で姓をひらがなで書き入れた。

　ドジョウ穫りの様子を語るAさん、それを忠実に描画し視覚化する学生、2人の共同行為によりAさんは滑らかに言葉を継いでいくことができた。

　しかし、Aさんの日常生活について、看護師の話によると、何事にもすぐにきついと言う、リハビリでは帰りたいと意欲が低下し、集中力が続かなくなっているという。

③ 間主観的に記述した行動観察記録を分析する

　以上、Aさんの2回目、3回目と22回目の行動観察記録を取り上げた。
　参加して2回目の200X年5月は、ドクダミの白い花を見て、その匂いをかぐことから始まった。Aさんと学生の会話から生まれた「どぜうとるざる」という題名の作品は、Aさんの子どもの頃の生活体験を実に克明に表現している。Aさんの体験過程を学生が丁寧にゆっくりと聴き取る。そ

第Ⅱ部　育む

れをAさんが画用紙に、クレヨンの色を確かめながら選び、じっくりと主体的に描画表現していく。そのプロセスで、Aさんの表情は、子どもの頃をゆっくりと深く回想が進むと、初めの緊張感が次第に穏やかな満足感にあふれたものに変化していった。

仕掛けをするために筌を工夫して作り上げ、竹竿に吊るしたこと、筌にドジョウのエサとなるタニシをつぶして入れたこと、市場に持っていくと小遣いになるドジョウ獲りの仕掛けを他の人に知られないように、こっそりと夕方、陽が暮れた頃に小川に行ったこと、そして陽が昇る前、午前3時頃に仕掛けを上げに行ったこと、筌にドジョウが入っているかどうかワクワクしながらヌルヌルするドジョウをつかみ取ったこと、そのドジョウをバケツに入れて市場に持って行き、大人と交渉し、売って現金に換えたこと、ドジョウを食べたことなど、どれも大切な「連続性」のある体験過程が描画により視覚化されることでより明確に再現されていった。

そんな体験過程のどれもがAさんの五感（視覚、聴覚、嗅覚、触覚、味覚）にしっかりと働きかけられたものであり、子どもの遊びと同時に市場という大人社会に飛び込んで小遣い稼ぎの交渉をするという仕事も兼ね備えた何かワクワクドキドキする体験であったようだ。そうした生活体験の再体験にあたり、田んぼのあぜ道に咲く季節のドクダミが最初の喚起刺激となり、Aさんの回想が深まっていくこととなったようである。このドジョウ獲りの話は3回目の200X年6月、9回目の200X年11月、そして12回目の200X＋1年5月でも話題になっている。

22回目の200X＋2年11月、描くことへのエネルギーがなくなったAさんに、私たちは描画を強制することはしなかった。ドジョウ獲りの様子を語るAさん、それを忠実に描画し視覚化する学生、2人の共同行為によりAさんは滑らかに言葉を継いでいくことができた。何か目の前にあの楽しくワクワクして過ごした子ども時代をどんどん視覚的に展開していくことで、Aさんの体験過程がより深いものになっていくように感じた。

この記録を読んだ指導教員は認知症高齢者をリサーチパートナーと捉

え、以下のように評している。

「認知症高齢者を人間と見なすことのコンセプトは、リサーチパートナーの視点である。21世紀の心理療法に関する最近の研究は、クライエントの主体性、自発性、自己治癒力が最大の治療効果要因であることを示す実証的証拠を提示している。セルフヘルプ・グループやサポート・グループ活動が注目されている所以でもある。研究やセラピー関係でも、相手を研究や治療対象と見なすのでなく、『リサーチパートナー』、つまり研究者やセラピストの共同作業であることに力点が置かれてきている。ファシリテーターとともに『自分らしく生きる時間』を作っていく共同作業と見なすのである。私はこれを『共創モデル』と呼んでいる。相手をリサーチパートナーと呼ぶのである。著者の事例を読めば、このことがよく理解できると思う」

3. 実践の中で新しい技法を作っていく過程で考えたこと

「果たして『趣味の芸術教室』でいいのだろうか」をはじめ、次々と湧き上がる疑問を背負いながら、毎月の「芸術教室」を続けた結果、今回紹介した集団回想描画法が生まれた。最後に、こうした実践活動を通して新しい技法を作っていく過程で考えたことをまとめておきたい。

(1) ケアする人に求められる「慮る力」

私たちは「芸術教室」だけをするというよりも、「芸術教室」もするという態度で毎回臨んだ。教室実施前後には看護師にファックスでプログラムと実施記録を送信したり、当日は必ず事務室に寄り所長または副所長にあいさつをしたり、参加者以外の入居者がロビーにいると「どうですか」と声をかけたりと、大学と現場間の点と点の移動はしなかった。だからこそ、みなさんが「芸術教室」の理解者となり、8年間も私たちを快く迎え入れてくれたと思う。

また、老人ホームの看護師と副所長に行ったインタビュー（内容は逐語記

第Ⅱ部　育む

録）からも、集団回想描画法の有効性がわかると思う。

　看護師に「『芸術教室』と日常の運動を中心としたリハビリでの参加者の反応の違いはどうですか」と質問すると、看護師は「リハビリのほうでは特にしゃべることはほとんどないのですけれども、こちらの美術教室（注：「芸術教室」のこと）に来られたときには楽しみにされているようで、笑顔もありますし、自分から声を出すこともあるところが全然違うところですね。リハビリでは見せない顔というのを、ここでは見せています」と答えた。続いて、「そんなみなさんの顔を見てどんな感じですか」と聞くと、「ちょっと悔しいですね。リハビリ室ではいつも毎日やっているのに、声をかけても全然しゃべってくれないのに、ここでは他の方なんか1か月に1回しか会わないのに話してくれる。そうですね。1か月に1回いい顔で、という感じで受け止めています」と答えた。

　副所長は「やっぱりみなさん心待ちにしていますよ。こういうところは若い人があまり来ないので、若い人と接すると気分的にもすごく穏やかになるし、すごく期待していますよ。それが一番の変化でしょうね」と話してくれた。

　2人へのインタビューから、以下のように集団回想描画法の有効性をまとめることができる。

毎日のリハビリと月1回の「芸術教室」で見せる参加者の様子の違いに、リハビリを担当する看護師自身「戸惑い」や「悔しさ」を感じると同時に、月1回の笑顔に立ち会える喜びを感じる。

　老人ホームのスタッフとしては、リハビリと「芸術教室」での参加者の歴然とした様子の違いに戸惑いを覚えざるを得ない。「自分たちのケアとは何か」「どんな関わりが有効なのか」を自問自答することがあるという。しかし、集団回想描画法に見る外部からの援助者の姿勢、つまり認知症高齢者に「尊厳のあるかけがいのない独立した人格」という姿勢で接するこ

とによって生まれる「あの笑顔」を共有できる喜びは、看護師自身、日頃の規則的で平均的になりがちなケアではない、個別的理解をもとにした心理的援助も併存したケアを再認識する機会になっていたと考えられる。

入居者は月1回の「芸術教室」を心待ちにしている。

「今日は『芸術教室』かね」と朝食時に黒板の日程表を見ながら参加者が会話をする場面があり、そんな午前中のリハビリは欠席者が多いという。看護師は「みなさん、どういうことなんですかね。リハビリに行きませんかと言っても、いやっていう感じなんですよね」と嘆きとも聞こえる話し方をする。「芸術教室」開始時間の午後1時30分前から参加者が集まり、援助者の学生と話し始めるが、ある参加者から「エネルギーは溜めておかなくてはね」と言われたという。エネルギーの衰えを感じる高齢者だからこそ、それを細々と使う術も心得ているのだろう。午前中のリハビリでそのエネルギーを使うより、何か午後に残しておきたい、そこでエネルギーを使うと「できる自分」に出会える。そんな期待感が「芸術教室」へ歩を向かわせることにつながったのだろう。

このように見てくると、今後、ケアを主要な行為とする現場の援助者に求められるスキルは「慮る力」であると考えたい。これまでの介護現場では、体温を測ること、体調を見ること、体を動かすことが中心だった。当然のことながら、こうした測ること、見ること、動かすことを通して、相手の身体を理解しよう、相手の容態を理解しようとしてきた。しかし、人の苦しみ、悲しみ、つらさは測れるものでも、見られるものでもなく、それは感じ取るものである。測ること、見ること、動かすことは客観的で、感じ取ることは主観的と二律背反として捉えられがちであるが、実は集団回想描画法を進める中でわかったことは、その間にある、つまり援助者が対象者を慮ることで生まれる、主観でも客観でもない、付かず離れずの、間主観的な世界を想像する大切さである。それは、メイヤロフの「一人の

人格をケアするとは、最も深い意味で、その人が成長すること、自己実現することをたすけることである」「他の人々をケアすることをとおして、他の人々に役立つことによって、その人自身の生の真の意味を生きているのである」(Mayeroff, 1971/1987) という考えとも相通じる。

(2) 事例を間主観的に記録する意味

　事例はクライエントとの関わりの数だけ蓄積されていくが、それを書き出していくのは毎回苦労する。しかし、「事例は預かりものである」ということは忘れたくない。したがって、預かったものは大切に抱えることなく、これまでの研究成果と比較し、それを社会に還元する記録としてまとめる努力を続ける、その責を私たちは常に背負っている (緒方, 2005, 2007, 2009a, 2009b)。また記録は時々に研究会等で検討され、自身の関わりやクライエントの過去、現在、未来について様々な示唆を得る機会になり、明日からの自分の活動の活力ともなる。

　8年間にわたり同じ老人ホームで70回以上実施し (現在は中断している)、参加者は延べ300名以上に及んだ。実践の中で新たな技法を作ることで大切にしたことは、毎回の活動を記録にしていくことだった。最終的に大きく初期、中期、後期という3つの認知症高齢者の様態ごとに分類整理された事例を記録していく手法は「エピソード記述」(鯨岡, 2005；鯨岡・鯨岡, 2009) によった。鯨岡 (2005) は、エピソード記述に向かおうとする動機について、「現場において人のさまざまな生の実相に接する中で、強く気持ちを揺さぶられる出来事に出会ったり、目から鱗が落ちるような深い気づきが得られたりしたとき、当の現場担当者にはその体験を何とか言語的に表現して、周囲の人や広く一般の人に知ってほしい、一緒に考えてほしいという願いが生まれることです。いま一つは、子どもや患者に日々関わる中で、その人の生の断面を丁寧に記録し、それを積み重ね、まとめることによって、その子どもや患者の実像を手応えをもって描き出し、その子どもや患者理解を深め、それによってよりよい関わりに繋げていきたいと

いう願いがあることです」と述べている。

　これまでの記録は、どうしても「援助者は」「介護者は」という主語を書くことはあっても、その行為の主体者である「私」は影に回っていた。どちらかと言えば、「目に見えること」が記録され、「目に見えないこと」は記録されないことが多く、記録は客観的に書くものであるという暗黙のルールがあった。しかし、エピソード記述は活動に関与する「私」が目と心を通じて観察しながら、思ったこと、感じたことが中心となる。したがって、書かれたエピソード記述を読むということは、主体者である「私」の関与のありようを見るということでもある。毎回記録を書くということは苦しいことだったが、何回もビデオや写真を見たり、学生、老人ホーム職員とのカンファレンスの記録を読んだりして、書き直しを続けていくと、ハッとさせられる新しい気づきが幾度となく生まれてきた。

　「他者が成長していくために私を必要とするというだけでなく、私も自分自身であるために、ケアの対象たるべき他者を必要としているのである」（Mayeroff, 1971/1987）という言葉を反芻すると、実際のところ、認知症高齢者と対面したとき、ともに成長とか発展を遂げられるような関係を作り出せるのだろうかという疑問を持つこともあった。そうした疑問は自分の「自信のなさ」「非力さ」「未熟さ」とも言えるかもしれないが、エピソード記述により記録化したものから、「私」の「関与の仕方」そして「観察の仕方」を振り返る中で、対面する認知症高齢者はリサーチパートナーであり、共同研究者なのだという思いが募ってきた。そういう意味では、現場と研究をつなぐ橋渡しをしてくれたエピソード記述という手法は、「私」の慮る力を育て、新しい技法を作る原動力となったと言える。

　〈謝辞〉
　私は8年間にわたり、500を超える認知症高齢者の事例を調査してきました。この長期調査でリサーチパートナーとなっていただいたみなさまの多くはすでに永眠されています。ここに冥福を祈るとともに、今回発表す

第Ⅱ部　育む

る機会をいただいた関係のみなさまに感謝を申し上げます。

引用文献

Koch, K. (1957). *Der Baumtest: der Baumzeichenversuch als psychodiagnostisches Hilfsmittel.* 3. Aufl. Bern: Hans Huber.（コッホ, K. 岸本寛史・中島ナオミ・宮崎忠男（訳）（2010）．バウムテスト第3版――心理的見立ての補助手段としてのバウム画研究　誠信書房）
鯨岡峻（2005）．エピソード記述入門　東京大学出版会
鯨岡峻・鯨岡和子（2009）．エピソード記述で保育を描く　ミネルヴァ書房
Mayeroff, M. (1971). *On Caring.* New York: Harper and Row.（メイヤロフ, M. 田村真・向野宣之（訳）（1987）．ケアの本質――生きることの意味　ゆみる出版）
緒方泉（2005）．生活体験を語り描く高齢者たち　日本生活体験学習学会誌, 5, 21-29.
緒方泉（2007）．認知症高齢者のナラティブと集団回想描画法　臨床描画研究, 22, 118-134.
緒方泉（2009a）．認知症高齢者が語り描く生活体験　日本生活体験学習学会誌, 9, 1-11.
緒方泉（2009b）．重度認知症高齢者の語りの促進と集団回想描画法の役割　臨床描画研究, 24, 163-180.
緒方泉（2011）．集団回想描画法入門　あいり出版

第Ⅲ部
深める

第5章
研究と臨床の関係性
臨床に基づいたエビデンスを求めて

井出 智博

1. はじめに

　臨床活動を行っている方、学部や大学院で心理臨床家になることを目指して勉強をしている方は、自分にとって"研究"とはどのようなものだと考えているだろうか。大学教員として、大学院を目指している学部生と話をしていると、時々、「大学院には行きたいけれど、研究はしたくない」「心理臨床の仕事はしたいけれど、研究は苦手」という話を聞くことがある。そうした学生の話を聞いていると、どうも"研究"というものが得体の知れない、とても怖いもの、難しいものだと認識されているように感じられる。果たして、研究とはそれほど怖いもの、難しいものなのだろうか。また、臨床と切り離されるものなのだろうか。

　臨床心理学を仕事にしようと考えたとき、スクールカウンセラーや医療機関のセラピストのように臨床活動を中心にするか、大学で教鞭をとるように研究、教育活動を中心にするかという選択を迫られる。しかし、いずれを選択するにしても、どちらか一方だけに専念するということはないだろう。なぜなら、臨床心理学の最大の目的はクライエントに対して貢献する、ということにあるためである。研究を中心に行うにしても、その研究は何らかの形で臨床を通じてクライエントのより良い生活につながっている必要がある。また、臨床を中心に行うにしても、より良い臨床活動を行

うためには最新の知見に触れたり、自らの臨床についての研究を行ったりする必要がある。臨床心理学という学問は、質の高い臨床や研究を進めるためには、臨床と研究がかい離してしまってはならないという特徴を持っている。

しかし、臨床と研究とを一体を成すものとして発展させていくということは、それほど容易なことではない。特に、卒業論文、修士論文のように、ある一定の期間で仕上げなければならない研究と日々の臨床をつながりのあるものにしていこうとするとき、臨床で手いっぱいになって、研究に手が回らなくなってしまったり、研究を進めることに主眼が置かれ、臨床活動とのつながりが見えなくなり、"研究のための研究"になってしまうというようなことも少なくない。この章では、こうした臨床と研究のつながりをどのように捉え、双方を一体を成すものして発展させていくにはどうしたらよいのだろうか、ということについて考えてみたい。

2. 臨床心理学における"研究"とは

"研究"という言葉を聞いて、学部生の方たちは卒業論文を思い浮かべるのではないだろうか。多くの場合、卒業論文はその課程を終了するために必要なことであり、いわば、卒業に際しての通過儀礼のような側面を持っているのかもしれない。また、大学院への進学を目指す場合には、大学院の受験に向けた準備の意味合いも含まれてくるかもしれない。卒業論文の指導をしていると、学生から「なぜ、卒業論文を書かなければいけないのか」と尋ねられることがある。そんなときに筆者は、「卒業論文を書く時間は、あなたが大学時代に、講義だけではなく、実習やボランティア、バイトやサークルなど、いろいろな活動を通して学んできたこと、体験してきたことの中から、自分が大切にしたいことをテーマに選んで、心理学の研究の方法を用いて、そのテーマと向き合う時間だと考えている」と伝えている。卒業論文のテーマは、学術的研究としての側面だけでなく、その人が幼少期から体験してきたことと関連することも多く、その人自身の

テーマとつながっていることも少なくない。卒業論文を書くということは、臨床心理学の研究方法に則ってそうしたテーマと向き合い、自分の体験を言語化する作業であると言えるだろう。こうした、書くという作業について田中 (2002) は、「自分がイメージの次元では届いている世界を、もう少し、他者と共有することのできる言語の世界まで強引に近づけさせようとする、あるいはもっと漠と考えているものをイメージの世界にひきあげるその行為によって自分の考えがより明確になっていく」としている。卒業論文を書くということは、自分自身の体験と向き合い、自分が漠然と持っている興味や関心といった"私性"の強いテーマを言語化することによって明確化する過程であると言えるだろう。

ところが、大学院に進むと研究の持つ意味合いは少しずつ変化してくる。修士論文のテーマは、"私性"が強いものだけではなく、社会的、臨床的なテーマであることが求められるし、一連の先行研究の流れのどこに位置づけられるのかということや新しさ、オリジナリティがどこにあるかが問われることになる。また、大学院生には学会で発表したり、学会誌に論文を投稿したりすることによって、自分の考えや研究の成果を人に伝えることも求められるようになる。前出の田中 (2002) の言葉を借りるならば、「その事象についての専門領域の中で深く考える」ことである。大学院を修了した後、研究者の道を選択するのであれば、修士論文は博士論文へと続く一連の流れの一部となるだろうし、臨床家の道を選択するのであれば、学部から修士課程へと続いてきた研究の一つの集大成となるかもしれない。いずれにしても、修士論文にも、通過儀礼の側面も含まれるだろうが、卒業論文よりはるかに学術的な質が求められることになる。

ところで、臨床心理学という学問はどのような学問なのであろうか。下山 (2010) は、アメリカ心理学会 (American Psychological Association, 2006) の「科学、理論、実践を統合して、人間行動の適応調整や人格的成長を促進するとともに、不適応、障害、苦悩の成り立ちを研究し、問題を予測し、そして問題を軽減、解消することを目指す学問である」という定義を引用

して、臨床心理学は「人間行動がどのように維持発展されるかについての科学的探究に関わる科学性と、人間の苦悩を生み出す状況を改善し、問題を解決していく臨床実践に関わる実践性の両者から構成される学問として定義される」としている。さらに、臨床心理学教育の基本モデルは「科学者であることと実践者であることの両方を兼ね備える科学者－実践者モデル」であると述べている。つまり、臨床心理学という学問では研究者と臨床家は明確に区別されるのではなく、研究者であっても臨床家であっても、研究者、臨床家の双方の側面を持ち合わせておくことが必要なのであり、研究者としての道を選択しようとも、臨床家としての道を選択しようとも、臨床と研究とを一体を成すものとしていくことが必要なのである。

　しかし、若い臨床家、研究者にとって、臨床と研究とを一体を成すものとして統合していくことは、必ずしも容易なことではない。特に、修士課程の2年間に自らが関心を持つ臨床領域を探り、その領域で実際に臨床を行い、さらに、その臨床を研究と結びつけながら修士論文を書き上げることには、時間的な制約もある。先に述べたように、修士論文では、"私性"の強いテーマだけではなく、社会的、臨床的なテーマであることが求められるし、一連の先行研究の流れのどこに位置づけられるのかということや先行研究と比較したときに、どこに新しさやオリジナリティがあるかも問われる。筆者の経験を振り返ると、臨床と研究をある程度切り離して研究を行い、"研究のための研究"として修士論文を書き上げるほうが効率的だと感じてしまうこともある。さらに、臨床を行うにしても、漠然と臨床を行えばよいというわけではない。自分が臨床を行う領域に関連する研究やそこで出会うクライエントの抱える問題に関する研究、実際の事例研究など様々な先行研究を読むことによって、理論に裏打ちされた自らの臨床のあり方を構築していく必要がある。もちろん、大学教員やスーパーヴァイザー、先輩や同級生などの仲間も大きな支えになるが、最終的に研究を臨床に反映させていくのは自分自身である。こうした過程を経て、臨床と研究とが一体を成すものになっていくのであるが、そこに臨床心理学とい

う学問の醍醐味、楽しさと難しさ、課題があると考える。次節からは、筆者自身の臨床と研究の推移を示しながら、このことについて考えてみたい。

3. 研究を臨床活動に生かすことの難しさ

　筆者は卒業論文で、小学校における自己表現、自己主張行動に関する心理教育を研究のテーマにした。現在では多くの研究が見られるようになったが、当時、学校における心理教育や小学生を対象にした自己表現、自己主張行動に関するトレーニングはまだ少なかった。しかし、今になって振り返ると、自己表現や自己主張行動は当時の筆者自身にとって、大切なテーマであったと感じる。大学時代を経て、自分らしさを探し、その自分らしさをどう表現するかについて考えていた自分がいた。そのことが自己表現や自己主張行動を卒業論文のテーマにさせたし、大学院に進み、臨床心理学を学ぼうと思った一つの要因にもなったのである。

　大学院に進むと、学部生の頃に児童相談所一時保護所でボランティアをしていた縁もあって、児童養護施設で臨床実践を行う機会をいただくことになった。児童養護施設とは、「保護者のない児童、虐待されている児童等、環境上養護を要する児童を入所させて、これを養護し、あわせて退所した者に対する相談その他の自立のための援助を行うことを目的とする施設」（児童福祉法第41条）であり、虐待をはじめ、様々な理由で家族と暮らせない子どもたちにとっての家庭に代わる生活の場となっている。現在でこそ、児童養護施設では多くの心理職が活動し、様々な学会で事例研究をはじめとする研究報告が行われ、臨床や研究の一つの領域として確立されてきたが、筆者が児童養護施設の心理職として臨床を始めたのは、児童養護施設への心理職の配置が予算化された初年度である1999年のことであった。

　児童養護施設への心理職の配置は、「虐待等による心的外傷のため心理療法を必要とする児童に、遊戯療法やカウンセリング等の心理療法を実

施」することを目的に進められた[注1]。阪神・淡路大震災や少年による様々な事件などの影響を受けてトラウマや子どもの心、さらには児童虐待の問題に対する社会的な関心が高まっていたことや児童養護施設における被虐待児の処遇の困難さが増していたことが、児童養護施設への心理職の配置の背景にあったと考えられる。児童養護施設への心理職の配置と前後して、海外における被虐待児への心理治療に関する書籍の翻訳やトラウマの治療に関する書籍が発刊されるようになっていた（例えば、Gil, 1991/1997 ; 西澤, 1994, 1999他）。一方で、当時、わが国では児童養護施設における心理臨床はほとんど行われておらず、森本（1982）や森田（1990）が見られる程度であった。また、スクールカウンセラーの配置が進められた時期とも重なり、待遇面で劣る児童養護施設で心理職を務めるようになったのは、多くの場合、筆者のような大学院生や卒業後間もない、年齢が若く、経験が浅い心理職が中心であった。今になって振り返ると、大学を卒業して間もない臨床心理学の初学者が、乳幼児から青年という幅広い年齢の子どもたち、かつ被虐待経験や親との分離など様々な心理的課題を抱えた子どもたちを対象とした臨床を明確な道標のない中で行うことは、児童養護施設にとっても、心理職にとっても大きな冒険であったと感じる。

　児童養護施設における臨床を経験した指導教員やスーパーヴァイザー、仲間がいない中で児童養護施設での臨床を始めた筆者にとって、先に示した海外における被虐待児への心理治療に関する書籍の翻訳やトラウマの治療に関する書籍は重要な先行研究であった。特に、ギル（Gil, 1991/1997）は被虐待児への心理治療を体系的にまとめたものであり、「虐待等による心的外傷のため心理療法を必要とする児童」を対象として配置された児童養護施設心理職にとっては重要な活動のモデルになると考えられた。ギルによると、被虐待児への心理治療は、日常生活の中に表される、子どもた

注1　厚生省児童家庭局長「児童養護施設及び乳児院における被虐待児等に対する適切な処遇体制の確保について」児発第419号平成11年4月30日付。

ちの感情体験や対人関係の歪みを、(個別の面接のように構造化された環境ではなく)日常的な生活環境、生活体験を通して修正していく修正的接近と、セラピストと子どもの個別的な関係の中で行われるプレイセラピーなどの心理療法を通してトラウマからの回復を図る回復的接近の2つのアプローチから構成される。心理職を務めることになった筆者は、特に回復的接近における役割を担うことをイメージしながら施設での勤務初日を迎えた。

　しかし、実際には、多くの子どもたちが集団生活を送っている児童養護施設の中はとてもにぎやかで、"面接室"とされた場所は子どもたちが行き交う廊下から頼りない木製のドア一枚で隔てられた、薬品の香りがする医務室との兼用の部屋であった。初学者ながら、大学や大学院で学んできた臨床の世界とはずいぶん違うことに大きな戸惑いを感じた。そのような中で、施設長が子どもたちに心理職である筆者を紹介してくれることになった。施設長は館内放送で10名の子どもの名前を読み上げ、施設長室の前の廊下に来るように指示をした。筆者が、何が起きるのかよくわからずに立ちすくんでいると、施設長は集まってきた子どもたちに「この人は、君たちの話を聴いてくれる人だ。よろしくごあいさつしなさい」と言い、何があるのかと集まってきた10名以外の子どもたちには「君たちには関係ないから向こうへ行きなさい」と言った。あっけにとられ、何もすることができずにいる筆者に、子どもたちは「よろしく願いします」とあいさつし、再び、建物の中のどこかへと散って行った。筆者は、大変なところに来てしまったと思ったのを覚えている。また、その後の勤務の際には、職員は筆者が行くと、「今日は誰を呼んできますか」「誰の面接をしますか」と尋ねてきた。施設で子どもたちがどのような生活をしているか、職員がどのような支援をしているかについての理解もほとんどできていない中で面接をすることには不安を感じ、「まずは、施設の生活や職員さんのしていることを学ばせてもらってから、何をするか考えさせてください」と伝えるのが精いっぱいであった。

　こうしたエピソードは、決して、施設長や職員が悪いということを主張

するために示したものではない。先に示した児童養護施設への心理職の配置の通達には、心理職配置の基準が虐待、ひきこもりなどの理由により心理療法が必要な児童が10名以上入所していることと示され、そうした子どもの「心理療法を行うこと」が心理職の役割とされていた。心理職の正式な名称は"心理療法士"とされていたので、施設長は対象となる10名の子どもに心理職を紹介してくださったのであるし、職員さんは"心理療法士"が心理療法をするのだろうと考えて、面接をセッティングしようとしてくださっていたのである[注2]。筆者が施設での臨床活動を始めた当時、施設側は心理職が何者なのかを理解していなかったし、心理職である筆者も心理職が"日本の児童養護施設"で何ができるかについての展望を十分に持っていなかった。先行研究を通じて学んできた被虐待児の臨床の様相が、実際の施設の様子と大きく異なることに戸惑いを感じ、自らの臨床の方向性を見失っていた。

そうした中で筆者は、先行研究をもとにしながら、児童養護施設での臨床を展開することを試みた。つまり、研究と臨床とを自分なりに一体を成すものとして展開しようとしたのであるが、実際には研究を臨床に生かすことの難しさに直面することになってしまった。こうしたことは、児童養護施設における臨床だけではなく、様々な臨床場面で起きることであろう。例えば、スクールカウンセラーとして不登校の子どもの心理面接を担当することになった初学者は、事前に子どもが不登校に至る原因やプロセス、心理面接の進め方について学んで準備をしているかもしれない。しかし、実際にクライエントと向き合ってみると、そうした事前の準備が、かえって臨床を行いにくくさせてしまうことや学校というシステムの中でそうした臨床を行うことの難しさに直面することがあるかもしれない。

下山 (2010) が、「主観的世界への共感を基礎とする実践性と、対象の

注2 正式な職名は心理療法士であるが、施設での役割は心理療法だけではなく、多岐にわたるため、その職務内容を正確に表現するために、本稿では心理職とした。

客観的分析を重視する科学性を両立させることは難しい課題」であるとしているように、そこには研究が持つ客観性と臨床の持つ主観性を両立させ、統合させていくことの困難さが存在するのであり、そうした困難さが臨床と研究のかい離を招く一因となっていると考えられる。

4. 臨床と研究の統合に向けて

こうした困難さの中で、臨床と研究とを一体を成すものにしていくためにはどうしたらよいのだろうか。

筆者は、先に示した児童養護施設の他にもいくつかの施設で心理職として勤務する機会をいただき、いずれの施設でも多少の違いはあるものの同様の経験をしてきた。ある施設では、心理職として勤務し始めた当初、「心理職はいらない」と言われた。しかし、当たり前のことではあるが、先行研究のどこにも「心理職はいらない」という児童養護施設での臨床の進め方は述べられていない。こうしたとき、それまで先行研究で学んできたことを一度傍らに置き、そこで自分に何ができるか、心理職である自分にどのようなニーズがあるのかについて理解するための取り組みが必要であった。そのためには、自分自身がその施設の一員となり、施設の外側からでなく、施設に棲み込むこと（Dwelling in, Polanyi, 1958/1985）を通して、内側から施設を理解することが求められた。児童養護施設で心理職として臨床を始めた当初、筆者は先行研究を参考とすることで臨床を展開しようとした。つまり、研究が持つ「客観的分析」を使いながら臨床を展開しようとしたのである。しかし、内側から施設を理解しようとしたとき、臨床が持つ「主観的世界への共感」を用いることを中心に据えて臨床を展開することが必要となった。

回復的接近に基づいた個別の心理療法を行うのではなく、まずは、日々、子どもたちの生活を支えている職員が抱えている苦労や子どもたちへの想いを聴くことに取り組み始めると、職員は自分たちの苦労や子どもたちへの想い、そして、心理職に期待することを伝えてくれるようになってきた。

第Ⅲ部　深める

　筆者は心理職として、こうした職員からのニーズにどのようにしたら応えられるだろうかということを考えながら臨床を行い、「心理職はいらない」と言われた施設でも「やっぱり心理職はいらないけど、あなただったらよいと思える」と同じ職員に言われるようになった。現場のニーズに応じて活動を展開することは、心理臨床家にとって当たり前のことであり、基本的なことである。それは、児童養護施設のようなコミュニティにおける臨床だけではなく、個別の心理面接でも同様であり、クライエントが持つニーズを理解し、それに応えようとすることが基本となる。しかし、先行研究をもとにしながら臨床を展開しようとしすぎるあまり、目の前で展開されている現象を捉えられなくなってしまうこともある。筆者は、児童養護施設における心理職の役割を被虐待児の心理治療を行うことと捉えていたが、臨床を通じて、それ以上に、児童養護施設における子育てを支援することが重要であると考えるようになった。田中（2002）は、「いくら先端的な理論や方法論を手中にしていても、それをどのように使うかということは、その事象に対峙するその人（心理臨床家）自身の『ものをみる力』に依拠」すると述べ、「もっと自由に自分の今いるところで起こっているさまざまな事柄を、自分の言葉で語っていくと、心理臨床の世界はもっと豊かにひろがっていくのではないか」としている。筆者が心理面接をすることよりも「子育てを支援すること」が重要であると捉え直すことができたのは、児童養護施設の心理職の役割は被虐待児の心理治療であるという、先行研究に基づいた自らの思い込みを傍らに置くことができたからである[注3]。筆者が田中の言う「ものをみる力」をもっと持っていたならば、こうした壁に直面することなく、最初からすんなりと「子育てを支援する

注3　児童養護施設において、被虐待児の心理治療を行うことの意味を否定するものではない。特に、心理職の配置から約15年が経過し、施設における心理職の役割に対する理解が進んだり、様々な専門職が配置されたりしてきた現状においては、児童養護施設が治療的な機能を持つことへのニーズは高まっていると考える。

こと」が重要であるという視点に立つことができたのかもしれない。しかし、臨床においては、こうした壁に直面し、そこで熟考したり、自分の体験を整理したりすることが新たな気づきを生み、研究への広がりの可能性を生むことにつながる。

5. 臨床と研究を統合する、ということ

　ここまで述べてきたように筆者は、児童養護施設における臨床の中で、心理職の役割についての壁に直面した。その壁に直面し、熟考し、自分の体験を整理することによって、「子育てを支援すること」が重要であるという視点に至った。それと同時に、筆者の中には、こうした壁に直面しているのは筆者だけなのだろうか、他の施設の心理職はどのような活動をし、どのような難しさを感じているのだろうかという疑問が浮かんできた。そこで、近隣の児童養護施設心理職が集まる研修の機会に、他の心理職の話を聞いたり、筆者の体験を語ったりしてみることにした。すると、それぞれの児童養護施設で、心理職は自分の役割を模索しながら、臨床を構築しようとしていることがわかってきた。一方で、その頃になると、少しずつ児童養護施設における臨床に関する研究や実践報告、心理職の活動のあり方をテーマとした研究が様々な雑誌などに掲載されるようになってきた。ところが、「心理臨床学研究」などの学会誌に掲載されているのは被虐待児の個別心理面接に関する事例研究が中心であった（例えば、坪井，2004；野本・西村，2004他）。

　なぜ、近隣の児童養護施設の心理職は、個別心理面接を行う以前の、心理職としての役割を模索している一方で、先端の研究は個別心理面接の内容やプロセスをテーマにしているという両者の間のかい離が起きているのだろうか。そのことを探求するために、筆者は児童養護施設で心理職自身がどのような難しさに直面しているのか、また児童養護施設の職員が、心理職が配置されたことをどのように捉えているのかをテーマにした研究を行うことにした（井出，2008）。その結果、心理職はそれぞれの施設で個別

心理面接だけではなく、施設の子どもたちにとっての家庭に代わる生活の場で、子どもたちの生活に関与することの難しさや施設職員との連携の難しさに直面していることが明らかになった。また、約半世紀にわたって他の専門職がいない中で、児童養護施設で子どもの支援にあたってきた職員からすると、心理職が配置されたことは、自分たちの実践に問題があるという指摘として感じられていたり、体験的な理解を重んじてきた文化の中に心理学の理論に基づいて見立て、理論的に説明する心理職が参入してきたことが脅威に感じられたりしていることも明らかになった。こうしたところに児童養護施設における「子育てを支援すること」の難しさがあったのである。つまり、児童養護施設における臨床では、海外における被虐待児への心理治療やトラウマの治療を適用するということだけではなく、児童養護施設という臨床の場の特性を理解し、新たな臨床のあり方を構築することが必要とされていたのである。

さらにその後、筆者は全国の児童養護施設における心理職の活用状況や活動内容に関する調査を行った（井出，2010，2012）。それまでにも全国の児童養護施設心理職を対象にした調査は行われていたが、それらの調査は心理職の配置や活用の実態を把握するのみであった。それに対して、この調査では、施設の規模や形態、心理職の勤務形態などによって心理職の活用状況にどのような違いがあるのかを実証的に検討した。この調査からは、施設の規模や形態によって心理職の活動内容に違いがあることや、心理職の活用については心理職側の要因だけではなく、施設側の要因も強く影響していることなどが明らかになった。これらの知見は、児童養護施設心理職の活用と活動内容に関するガイドライン[注4]として児童養護施設現場にフィードバックされるとともに、筆者自身が児童養護施設などの児童

注4　ガイドライン（「児童養護施設における心理職の活動展開のガイドライン（簡易版）心理職用」「児童養護施設における心理職活用のガイドライン（簡易版）施設用」）は静岡大学学術リポジトリ（http://ir.lib.shizuoka.ac.jp/）からダウンロードすることができる。

福祉施設で活動を行う際の指針となってきた。

　実は、筆者はこうしたことをテーマにして研究を行うことには少し迷いを感じていた。先に示したような子どもの個別心理面接に関する事例研究や被虐待児をはじめとする児童養護施設で暮らす子どもたちの心理的特性に関する実証的研究（例えば、出石，2001；李・坪井，2003；坪井，2005他）のほうが、価値が高いように感じられていたのである。しかし、筆者は自分自身の臨床から、ここまで述べてきたような研究を行うことが、少なくとも筆者の身近で活動をしている児童養護施設心理職には必要であるということを確信していた。さらに、学部時代からの指導教員がスクールカウンセラーの制度化に向けて、全国の小中学校に配置されたスクールカウンセラーの活用状況についての調査をされており、そのデータに触れる機会があったことも研究を進める力となった。スクールカウンセラーの活用状況についての調査では、制度化される前のスクールカウンセラーが各学校でどのような活動を、どのようなプロセスで展開し、どのような困難に直面しているかなどが調査され、その後、正式に制度化される際の礎となっていった。こうした研究も臨床心理学の発展に寄与する研究であり、臨床と研究とが一体を成す研究の実際に触れることができた貴重な経験となった。

　筆者にとって、臨床と研究を統合するとは、日々の臨床を通じて体験したこと、感じたこと、考えたことなど、自分の主観的な感覚と向き合うことから研究テーマを見出して研究を行い、再びその成果を自分、あるいは他の心理臨床家の臨床にフィードバックするという循環を通じて行うことであった。

6. 臨床心理学における臨床と研究の関係性

　臨床と研究を統合するにあたっては、筆者の経験のように臨床からテーマが見出され、研究へと展開し、その研究の成果が臨床にフィードバックされるというものがある一方で、実証的研究によって得られたエビデンス

を臨床に活用するというものもある。例えば、筆者は自立支援を進めるために、児童養護施設で暮らす子どもと家庭で暮らす子どもの時間的展望の特徴を比較する実証研究を行った（井出他，2014）。その結果、児童養護施設で暮らす子どもは家庭で暮らす子どもに比べて、将来に対して肯定的な展望を描きにくいことに加え、将来のことについて考えたいという欲求も低いことが明らかになった。このことは、児童養護施設で暮らす子どもたちの自立支援を行う際には、生活のスキルや就労支援を行うだけではなく、子どもたちが大人になりたい、将来のことについて考えてみたいというレディネスを形成するような支援が必要であることを示唆している。そこで、筆者はこれまでに児童養護施設では十分に取り組まれてこなかった心理的側面に焦点を当てた子どもたちの自立支援プログラムの開発に取り組み、効果の検証を行った（井出，2014）[注5]。このような一連の研究は、実証研究を通じて得られたエビデンスを臨床にフィードバックするものであると言える。

　近年、臨床心理学の領域だけではなく、医療や看護、教育など様々な領域において、エビデンスに基づいた実践（Evidence Based Practice: EBP）の必要性が強調されるようになっている。EBPとは、一定の手続きによって得られた科学的な"根拠"に基づいて行われる実践のことである。"一定の手続き"を代表する研究手法として、ある特定の治療を受ける群と治療を受けない群に、ランダムにクライエントを割り振り、比較することによって治療の効果を明らかにする方法（Randomized Controlled Trial: RCT）がある。RCTは統制された条件下で、ある特定の問題や疾患に対して、ある特定の治療法が効果的であるかどうかについてのエビデンスを得る上で重要な研究の手法と言える。しかし、時として、RCTによって得られたエビデンスのほうが、その他の研究手法によって行われる研究より価値

注5　一連の研究についての報告書は静岡大学学術リポジトリ（http://ir.lib.shizuoka.ac.jp/）からダウンロードすることができる。

が高いと位置づけるような風潮もある。こうした中でバーカムら (Barkham et al., 2010) は、EBPにおける"エビデンスに基づく"とは、RCTだけではなく、臨床観察法や質的研究、構造的事例研究、単一事例研究など様々な研究の方法を通じて得られたエビデンスを含むことを指摘している。つまり、RCTだけがEBPにおけるエビデンスの抽出方法ではなく、EBPでは様々な研究を通じて得られたエビデンスが用いられ、研究の方法は、目的や対象、状況などに基づいて選択されるのである。

　RCTは、研究によって得られたエビデンスを臨床に落とし込む"上から下へのアプローチ"(Top-down Approach) であり、事例研究や質的研究などの臨床的研究 (Practice Based Study: PBS) は、臨床に基づいた研究からエビデンスを抽出する"下から上へのアプローチ"(Bottom-up Approach) である (Barkham et al., 2010)。"上から下へのアプローチ"では、統制された条件下で行われた研究によって得られた、目に見える「形」に表されたエビデンスを臨床に適用し、さらにその効果を実証的に検証しようとすることで、研究と臨床は一体を成すものとなる。研究が持つ「客観的分析」を使いながら臨床を展開するものである。一方で、"下から上へのアプローチ"では、日々の臨床の中で、心理臨床家の体験や感覚の中では漠然と、しかし、確かに感じられているが、なかなか言葉や数値という「形」に表されにくいようなエビデンスのかけらを集め、そこからエビデンスを見出し、臨床にフィードバックしていくことで研究と臨床は一体を成すものとなる。臨床が持つ「主観的世界への共感」を用いることを中心に据えて研究と臨床を展開するものである。

　"上から下へのアプローチ"と"下から上へのアプローチ"のいずれが重要であるということではなく、自分が行う研究と臨床とがいずれの関係にあるかを意識しておくことは必要であろう。その中で、"下から上へのアプローチ"を実践するためには、自分自身がその心理臨床の場に対する理解を深めたり、クライエントとの間に深い関係を構築したりすること、そこに棲み込むこと (Polanyi, 1958/1985) が必要となる。これには長い時間

が必要とされたり、対象となる心理臨床の場やクライエントとの間に深い関係を構築する研究者、臨床家としてのあり方が問われることになる。

　筆者の体験に照らし合わせるならば、「心理職はいらない」と言われたこと自体がその臨床の場で起きている現実であり、クライエントとしての児童養護施設やそこで働く職員が抱えている"問題"なのである。「心理職はいらない」という言葉を額面通り受け取るならば、心理職としての私は「そうですか」と引き下がるしかないだろう。しかし、真に理解しなければならないのは、その言葉に込められた彼らの想いである。なぜ、心理職に対してそのような想いを抱くに至ったのか、また、そうした想いがありながらなぜ心理職を導入することになったのか。外部者としてそうしたことについて客観的にインタビューをしてみても、その想いの根幹にたどり着くことは容易ではない。まさに、臨床の場に棲み込むことによって、そこにある人たちがどのような体験をし、どのようなことを感じてきたかという主観的な体験に触れようとする必要がある。そのためには、心理職に対する信頼感を持ってもらう必要があるが、それは個人臨床においても、こうしたコミュニティを対象とした心理臨床においても同様な、心理臨床家の神髄であり、そのプロセスは臨床そのものであると同時に、そこで起きていることに対する理解を深めようとする、研究そのものである。こうしたことで臨床心理学は実践と研究が一体を成す学問となるのであるし、そうでなければ質の高い実践、研究とは言えないのではないだろうか。目の前で起きていることに素直に目を向け、その中で自分がどのようなことを経験し、そこで何を感じ、考えたか。そこに研究の重要なテーマが含まれていることも多い。下山（2010）は臨床心理学のモデルを「科学者－実践者モデル」としているが、この流れを正しく表現するならば、「実践者－科学者モデル」と表現することができるだろう。「実践者－科学者モデル」にしても、「科学者－実践者モデル」にしても、臨床心理学という学問においては、対象となるフィールドの一員となり、その内部からそこで起きていることを理解しようとする姿勢を持つことが非常に重要な意味

を持つこと、また、その行為はそれ自体が臨床的な意義を含むものであるということを強調しておきたい。

自らの臨床と向き合うことで研究テーマを見出したり、対象となる心理臨床の場やクライエントとの間に深い関係を構築したりすることは必ずしも容易なことではない。しかし、筆者自身の経験を振り返ったときに、臨床研究の有益性や、臨床家、研究者としての醍醐味はこのプロセスにあると感じられる。

7. おわりに

筆者は、現在、大学に籍を置いているため、ここに示してきたように臨床の場に深く棲み込む機会はずいぶんと減ってしまった。しかし、PBSのように"下から上へのアプローチ"によって研究と臨床とを一体を成すものとすることができなくなったかというと、決してそうではない。筆者は、サリヴァンら（Sullivan et al., 2005）の熟達したセラピスト（Master Therapist）に関する研究を参考に、児童養護施設や乳児院で優れた活動を行っている、と評価される心理職の活動内容と活動展開過程についての研究を行った（井出, 2013；井出・辻, 2014）。これらの研究では、他の施設の心理職や同じ施設の職員から優れた活動を行っていると評価されていること、施設心理職として一定の年数以上勤務していることなど、複数の基準によって選定された、"優れた活動を行っていると評価されている心理職"に対して、グラウンデッド・セオリー・アプローチ（Glaser & Strauss, 1967）に基づいたインタビュー調査、分析を行った。研究者である筆者が"優れた活動を行っていると評価されている心理職"にインタビュー調査をすることで、彼らが臨床の中では漠然と、しかし、確かに感じられているが、なかなか言葉や数値という「形」に表されにくいようなエビデンスのかけらを集め、そこからエビデンスを見出すことを目指して行われた研究である。こうした質的研究をする際には、研究者自身がある程度（あるいはかなり）、その領域や対象についての深い理解を持っていることが求められる

し、そうしたことから生まれるリサーチクエスチョンが、研究の質の高さと関連してくるが、"下から上へのアプローチ"によって研究と臨床とを一体を成すものとすることは、必ずしも自らが臨床家でなければできないというものではない。

冒頭に、その人の幼少期からの体験など、"私性"が研究のテーマとつながることがあると述べた。卒業論文に取り組む際に臨床経験を持つ人は少ないだろう。しかし、"私性"と深く向き合うことは、自分の中からリサーチクエスチョンを生み出すことと深く関連しており、学部生や大学院生にとっては、"私性"と向き合うことが、臨床と研究とを一体を成すものとするような研究を進めていく第一歩になる。卒業論文や修士論文を執筆する学部生や大学院生、あるいは現場に出て仕事をし始めた若手の方たちにとっても、自らの体験と向き合うことによって、そうした研究を行うことは可能であるし、そうした立場にあるからこそ生み出されるリサーチクエスチョンもある。臨床と研究の間で自分自身と向き合い、自分の中にどのようなリサーチクエスチョンが生み出されるかを楽しみながら、臨床と研究に取り組んでもらいたい。

引用文献

American Psychological Association (2006). Evidence-based practice in psychology: APA Presidential task force on evidence-based practice. *American Psychologist*, 61, 271-285.

Barkham, M., Hardy, G.E., & Mellor-Clark, J. (2010). *Developing and Delivering Practice-Based Evidence: A Guide for the Psychological Therapist*. West Sussex: Wiley-Blackwell.

出石陽子（2001）．児童養護施設入所児童の心理的側面に関する研究――バウムテストとSCTを中心に　応用社会学研究，11，61-80．

Gil, E. (1991). *The Healing Power of Play: Working with Abused Children*. New York: Guilford Press.（ギル，E．西澤哲（訳）（1997）．虐待を受けた子どものプレイセラピー　誠信書房）

Glaser, B.G., & Strauss, A.L. (1967). *The Discovery of Grounded Theory*. Chicago: Aldine.

井出智博（2008）．児童養護施設における心理職とケアワーカーの関係についての探索的研究──ケアワーカーと共に活動するための新しい視点　九州産業大学博士学位論文（未公刊）

井出智博（2010）．児童養護施設・乳児院における心理職の活用に関するアンケート調査集計結果報告書　平成21年度科学研究費補助金（21730482）児童養護施設における心理職の活用に関する調査研究

井出智博（2012）．タイムスタディによる児童養護施設心理職の活動分析静岡大学教育学部研究報告（人文・社会・自然科学篇），62，85-93．

井出智博（2013）．児童養護施設Competent Therapistは"生活の場"をどのように捉えているか　静岡大学教育学部研究報告（人文・社会・自然科学篇），63，43-54．

井出智博（2014）．児童養護施設年長児童に対するキャリア・カウンセリング・プログラムの開発　第43回（平成24年度）三菱財団社会福祉事業・研究助成研究成果報告書

井出智博・片山由季・大内雅子・堀遼一（2014）．児童養護施設中学生の時間的展望　静岡大学教育学部研究報告（人文・社会・自然科学篇），64，61-67．

井出智博・辻佳奈子（2014）．機能していると評価される乳児院心理職の活動内容と活動展開過程　福祉心理学研究，11（1），48-58．

李明憙・坪井裕子（2003）．Youth Self Report（YSR）による被虐待児の情緒・問題行動の特徴──児童養護施設児を対象とした検討　乳幼児医学・心理学研究，12（1），43-50．

森本恵美子（1982）．養護施設における遊戯療法　帝国女子大学紀要，8，223-234．

森田喜治（1990）．「僕を引き取ってください」養護施設児の遊戯療法　心理臨床学研究，8（2），66-77．

西澤哲（1994）．子どもの虐待──子どもと家族への治療的アプローチ　誠信書房

西澤哲（1999）．トラウマの臨床心理学　金剛出版

野本美奈子・西村里晃（2004）．児童養護施設での精神分析的心理療法──養育対象に関する被虐待児の無意識的空想について　心理臨床学研究，22（3），250-261．

Polanyi, M. (1958). *Personal Knowledge*. Chicago: University of Chicago Press.（ポラニー，M. 長尾史郎（訳）（1985）．個人的知識──脱批判哲学をめざして　ハーベスト社）

下山晴彦（2010）．臨床心理学1　これからの臨床心理学（臨床心理学をまなぶ）　東京大学出版会

Sullivan, M.F., Skovholt, T.M., & Jennings, L. (2005). Master Therapists' Construction of

the Therapy Relationship. *Journal of Mental Health Counseling*, 27(1), 48-70.
田中千穂子（2002）．心理臨床への手びき――初心者の問いに答える　東京大学出版会
坪井裕子（2004）．ネグレクトされた女児のプレイセラピー――ネグレクト状況の再現と育ち直し　心理臨床学研究, 22（1），12-22.
坪井裕子（2005）．Child Behavior Checklist/4-18（CBCL）による被虐待児の行動と情緒の特徴――児童養護施設における調査の検討　教育心理学研究, 53（1），110-121.

第6章
臨床と研究におけるオリジナリティ
独創性と普遍性のせめぎ合い

森田　智

1. はじめに

　オリジナリティとは何だろうか。一言で言うならば「その人（自分）らしさ」と言えるかもしれない。では、臨床と研究における「その人（自分）らしさ」とは何だろうか。臨床と研究におけるオリジナリティはどこに見出すことができるだろうか。心理臨床という領域において臨床と研究は、臨床での気づきをテーマとして研究を行い、研究から得られた知見を臨床へ活かすという相補的な関係にある。しかし、それぞれで見られるオリジナリティは大きく異なると筆者は考えている。
　そこで、まず「臨床におけるオリジナリティ」と「研究におけるオリジナリティ」という2つのオリジナリティについて述べるところから始める。

2. 臨床におけるオリジナリティ
（1）臨床におけるオリジナリティとは何か

　筆者の臨床領域は学校である。俗に言うスクールカウンセラー（SC）である。筆者は臨床においては「今、自分ができることは何か？」というただその一点のみを臨床においては考えてきている。しかし、そこには常に「これでいいのか？」という疑心がついて回っている。すでに、たくさん

の事例報告や理論の提唱がなされている中で、そこからはみ出ることの意味や意義が頭をよぎるからである。換言すれば、「今、自分ができることは何か？」という独創性と先人たちの教えという普遍性がせめぎ合いつつ同時に存在しているということである。独創性と普遍性のどちらが大切か、どちらが正解かということではない。大事なことは、独創性と普遍性がせめぎ合う状態の中で、「今の自分が今できること」を決定することである。決定に至るまでのプロセス、そして、その決定そのものがその心理臨床家のオリジナリティであり、その場でその時にしか生まれ得ないものであろう。具体的に示すために、4つの事例を挙げる。本章の事例は、筆者がSCとして実際に経験した事例に基づいた上で、本質を損なわないように改変を加えたものである。

▼事例1：チャーハン

　とある中学2年生男子生徒（不登校）宅への家庭訪問を週に1度行っていた。訪問する時間はおおよそ18時であった。保護者不在のことが多い家庭であったので、訪問した際には、玄関の上がり口に腰かけて過ごしていた。学校についての話はまったくせず、30分ほどゲームやテレビ番組など生活の話をしたり、将棋をしたりしていた。そのような訪問が続いたある日、筆者が訪問したときに、「先生、お腹空いてるでしょ」と器に盛ったチャーハンが出てきた。「さっき自分で作ったんよ。食べて」

　これまで大学院の授業や文献からは、クライエントからの贈り物は受け取ってはいけないという知識を得てきていた筆者は心の中で〈これ、食べていいのか？〉と戸惑った。〈食べるとこの子との関係はどうなるのか……〉という次の考えが湧き出始めたときに、筆者は「いただきます」という言葉を発していた。食べながら、〈今、これを食べないことがカウンセラーとしては正解でも、自分の生き方に反する。もしこれを食べたことが間違っているならば、心理臨床を辞めよう〉と決めた。食

べながら将棋を指した。そして、「ごちそうさまでした」と家を後にした。
　帰り道、自分の判断の正誤については〈次回以降の訪問に毎回何か食べ物が出てくるならば間違っていたと判断しよう〉と決めた。次回以降の訪問で、食べ物が出てくることはなかった。

▼事例2：進路決定
　とある中学3年生の男子生徒（不登校）。週に1度家庭訪問をしていた生徒である。訪問時には、ゲームの話やパソコンの話をしていた。11月のある日に家庭訪問をした際、進路の話を担任や保護者としていることを伝えてきた。その日は「しっかりと話せるといいね」と言っただけであった。後日、担任より定時制高校を受験するとの連絡があった。その連絡を聞いた際、とても強い違和感を覚えた。すぐに学校に出向き、担任らに「何だかとてもひっかかりがあるので、本人に会いに家庭訪問をしてもよいか」と話し許可を得た。本人へ「進路を決めたと聞いたが、何だか気になるから今からお邪魔していいか？」と連絡を入れたところ、来てもよいとの返事を得た。
　学校、本人の許可を得たものの、その家に向かう車中で、〈定期的に行っていた週に1度という"（俗に言う）枠"を、"枠"を守るべきSC自らが壊してよいのか？　この"枠を壊す"という行為は本人にどんな影響が……〉と思いつつも答えが出ないまま家に到着した。
　ダイレクトに本人に質問を投げかけた。「定時制高校を受けると聞いたが、納得しているん？」。返事は「……いいや」であった。本人に本当に進学したいのはどこかを尋ねると、高卒資格は取れない専修学校とのことであった。筆者は〈高卒資格が取れないことは不利益になるのでは……〉という点で強く不安を覚えたが、〈今、この子の意志を尊重しなければ、それこそが今後自らの意志を表出できなくするのではないか。それこそが本当の不利益ではないか〉と思い直し、「専修学校に行きたいと思っていることを親に伝えたほうがよいと私は思うけど、どう思

う？」と尋ねたところ、「伝えたい」との返答。「それ、自分で伝えられるか？　伝えにくいなら、私が伝えることもできるがどうする？」と尋ねたところ、「自分で伝える」との返答であったので、「よっしゃ。それでいこう。でも、やっぱり伝えるのが難しいときは私が伝えるその場にいることもできるよ」と話し、家を後にした。

　後日、本人は親に自らの意志を伝えることができ、専修学校への進学が決まった。ちなみに、専修学校を修了後、「自分は知らないことが多すぎる。もっと基礎的なことを学びたい」という動機から定時制高校へ入学している。

▼事例３：自宅謹慎

　（謹慎と表記しているが、本人および家庭同意のもとでのクールダウン期間。）

　とある中学３年生男子生徒（やんちゃ系）。授業エスケープや数々の（俗に言う）問題行動を繰り返していた。この生徒とは、昼休みに相談室へ遊びに来たり、授業を抜け出しているところに声をかけに行ったりするという関わりはあったが、話しても雑談程度で止まっていた。その生徒が校内での喫煙が見つかり、自宅謹慎となったことを耳にした。〈その子に今自分ができることは何かないか？〉という思いから、本人に会いに行ってもよいか担任等に確認したところ了承が得られたので、担任より保護者に訪問の了承を得てもらった。

　車に飛び乗り、自宅へ向かう。その車中で〈会いに行ってどうするの？　何ができるの？　何か意味があるの？〉などと考え、何よりも〈自分の世界に入ってこられたと感じるのではないか〉と悶々としながら、〈できることは会うことだけ。その行動の意味は本人に任せよう〉という結論とは言い難い結論を出して到着。呼び鈴を押し、本人が出てくる。「こんにちは。何しに来たんやろうって思ったやろう。顔見に来ただけなんよ」と伝えると、「マジで（笑）」との本人の返答に「マジで（笑）」と答える。謹慎期間や生活の様子などを５分程度話し、「顔見られたし、

じゃあ帰るわ」と伝えると、「マジで顔見に来ただけやん（笑）」と笑顔であった。その後は、謹慎が解けた後もそれほど態度や行動に変化は見られないまま卒業していった。しかし、学校で筆者を見かけたときにはその生徒はニヤリと笑うようになった。

　卒業後、しばらくしてコンビニで偶然出会うことがあった。そのときに、「謹慎してるときに家に来たことあったやん」とそのときのことを話し始めた。「あのとき、めちゃくちゃうれしかったんよ。すごく孤独やったしね」と筆者の訪問について語ってくれた。

▼事例4：ケース会議
　学校が主体となり、保護者や福祉領域の関係機関、教育委員会も交えて不登校児への対応を検討するケース会議へ参加することがあった。会議が始まり1時間程度経過していた。話は「いかに学校に登校させるか」に終始し、何の進展も期待できない状況であった。筆者はその場にいることがいたたまれない感じがしていた。〈なぜ、いたたまれないのか？〉。筆者は自問を始めた。〈会議が進展しないからか？　いや違う。では何だ……〉。そのとき、一つの思いが浮かんできた。〈もしこの子がこの会議を聞いていたら、いたたまれなくなっているのではないか。それは、学校に行かないことが悪であり、学校に行かない自分が悪であると言われ続けているからではないか。この子にとって、学校へ行かないことにも意味があるはずだ。それなら、その意味を守ることが必要なのではないか。そのためには、学校へ行かないということも選択肢として認めることが必要だろう〉と。この思いを発言すべきか、「スクールカウンセラーは協働すべき」ということを「波風を立てない」などと間違った理解をしていた筆者は発言を迷った。

　そのとき、他の出席者から「スクールカウンセラーはどう思うか？」と発言を求められた。筆者は浮かんできた思いをそのまま発言した。結果、具体的な対応は何も出なかったが、関係者が見守る覚悟を決めるこ

ととなった。その後、この子は徐々にではあるが、登校を再開し始めた。

(2) 臨床におけるオリジナリティの現れ

4つの事例を挙げたが、劇的なものが見られる事例ではなく、大したことではないように思われる。しかし、何気ないものの積み重ねこそが臨床であり、そこに臨床の本質を見て取ることもできる。事例1は原則論、事例2は"枠"、事例3は被侵入性、事例4は協働という心理臨床において重要とされる点をめぐって、筆者が葛藤した場面である。それぞれの事例において、そのような葛藤があったのは一度だけではない。事例の流れとともに何度も葛藤と決定を繰り返していた中の一つである。例として挙げた場面では学校や保護者から依頼されたわけではなく、自ら葛藤を生み出す場面を作り出していた。どれも気にせずに、やり過ごすこともできた場面である。単に、筆者の性格がお節介やきなだけとも取れるが、そのとき筆者の中では「今自分がすべきことがある」という感覚が生まれていた。その感覚が生じ、行動するまでの一連の流れこそ、自分（筆者）らしさ、つまり筆者の臨床におけるオリジナリティそのものである。しかし、これが、オリジナリティの現れ＝事例の好転という安易な結びつきを示しているわけではない。

(3) オリジナリティのフリをした普遍性の持つ罠

筆者は普遍性の代表として先人たちの教え（報告された事例や提唱された理論）を挙げた。先人たちの教えが独創性の創造を阻害することもあるだろう。しかし、この阻害はわかりやすいため気づきやすい。それ以上に質が悪いのが、少しわかりにくい表現であるが、オリジナリティという自分が生み出した普遍性である（時に、オリジナリティと気づいていない場合もある）。

先にチャーハンを食べるか食べないかという話を述べた。別の事案では次のようなことがあった。不登校気味の中学1年生女子生徒。週に1度家庭訪問をしていた。訪問時には母親に言われてであるが、本人がお茶を運

んでくれていた。しかし、いつしか言われなくとも本人がお茶を出してくれるようになった。同時期に、フリースクールへの通学を始めるようになった。筆者は〈自分で動けるようになってきたんだろう〉と安易に考えていた。しかし、ある日、いつも丁寧に出してくれていたお茶が雑に置かれた。それと同時に頭を抱えて「本当はフリースクールに行きたくない。しかし、母親に行けと言われるのが嫌で行っている」ことを泣きながら訴え始めた。

これを「訴えることができてよかったね」と言うことはできない。この子はどんな思いでお茶を運んでいたのか。どこかに〈たかがお茶〉と思っていた、むしろ、そのことを気にも留めていなかったことが大問題である。一つひとつの事例で起きるすべてのことが、その事例で必ず意味を持っているという事実を軽んじてはいけない。この事案では、本人の訴える力に救われたと考える。また、家庭訪問という形態も幸いし、もし相談室で受けている面談であれば、次回以降クライエントが来談することはなかったのではないだろうか。常に、その場で起きている現象とそこにいる自分の感覚を確かめることをしなければならないにもかかわらず、チャーハンのときのような葛藤はなく、そこに緩みが生じていたことは事実である。

このように、オリジナリティはその場を作り出す力と破壊する力の両方を持つ諸刃の剣であるということを覚えておく必要があると筆者は考えている。

(4) 臨床におけるオリジナリティの危険性

唐突であるが、筆者の心理臨床のイメージはジェンガというおもちゃである（臨床をおもちゃなどにたとえるのは不謹慎かもしれないが）。タワー状に組み上げた積み木を崩さないように1本ずつ抜いては積み上げ、できるだけ崩さないように高く積み上げていくゲームである。非常に抜けやすい積み木もあれば、抜くことで山が崩れてしまう積み木もある。どの積み木を抜くか。わざと崩れやすそうな形にするために、抜きにくい積み木を抜くこ

第Ⅲ部　深める

ともある。崩れないように抜いた積み木を慎重に置くこともできる。臨床場面も余分なものを抜き、上に積み上げる。何を余分と考え、何を積み上げるかの選択にオリジナリティがある。つまり、心理臨床はオリジナリティの積み重ねによって成立しているということである。

　臨床場面は"その時、その場で生まれるもの"の積み重ね、換言するならば、心理臨床がオリジナリティによって成立しているならば、オリジナリティの方向性を一歩間違えると臨床場面を壊しうるものになるということを示している。それは、「これは自分の臨床のオリジナリティである」と表出した言動が、オリジナリティではなく、独善的言動であった場合である。独善的言動を表出する場合、本人は独創性と普遍性がせめぎ合っていると思っているが、そこにせめぎ合いはなく、独創性が普遍性を叩きつぶすという暴力的な関係が存在するだけである。この暴力的な関係が表面化し、臨床場面を壊していくのである。積み上げた臨床場面は1本抜き間違えたり、積み間違えると全部が崩れてしまう。「これを抜くとおもしろくなる、しかし、常識的に考えれば崩れるかもしれない」というせめぎ合いは独創性と普遍性のせめぎ合いであり、「崩れてもいいから抜いてしまえ」「抜きたいから抜く」は独善性である。独善的に抜いたが崩れなかったとしても、全体のバランスを崩してしまい、次が非常に困難なものとなってしまうのである。

　独創性と独善性をその瞬間に見分けることは非常に困難である。しかし、見分けを意識することは、面接場面を破壊的なものにせず、建設的なものとするために非常に重要である。では見分け方はあるのだろか。最もわかりやすいと思われる見分け方は、第三者による理解が可能かどうかであろう。第三者が理解できるということは、体験の共有ができるということであり、普遍的な体験であると言える。自分の態度がオリジナルなものだったのか、独善性だったのか、究極的には結果でしか判断ができない。つまり、独善的であったという結果が出るのは、臨床場面が壊れた後になってしまうということである。そのようなことがないように、臨床場面

で起きるすべての現象を五感と心で観察し、自らの言動を含めた態度が独善的なものとならず、オリジナルなものとなるように、独創性と普遍性がしっかりとせめぎ合うように心がける必要がある。

(5) まとめ

臨床におけるオリジナリティとは、独創性と普遍性が葛藤を起こしつつも「今自分にできることは何か」を考え抜いた結果、"その瞬間にその場で生まれる"決定に現れるものであり、その積み重ねが一つの事例を作り上げていくのである。同時に、自らのオリジナリティにあぐらをかいた気の緩みは、クライエントとの関係において修復不可能な亀裂を生み出すことにもつながりかねない。よって、常に今起きている現象と自らの感覚に注意を払う必要があると言える。

また、独創性と普遍性の葛藤なき態度や言動は、オリジナリティではなく独善性にしかなり得ず、臨床場面を破壊するという危険性を持っていることも忘れてはならない。

3. 研究におけるオリジナリティ

筆者が行った研究は、卒業論文と修士論文の2つのみである。そんな人間が研究について何かを述べることは非常におこがましく、分不相応なことである。よっておそらく述べる内容は説得力に欠けるものであろう。しかし、筆者なりに研究におけるオリジナリティについて述べようと思う。筆者は、研究は学会誌に投稿することや学会などで発表することだけではないと考えている。日々の心理臨床の記録をしっかりと言葉で残すことや仲間と話すことも研究であると考えているが、ここでは論文作成を想定して述べていきたい。研究におけるオリジナリティについては、まずその危険性から述べたい。

(1) 研究におけるオリジナリティの危険性

　研究をする意義は2つある。1つは、クライエント（個人だけでなく、集団を含む心理臨床家が出会う対象すべて）が自らの力を発揮していく過程において、心理臨床家がより効果的な援助を行っていく方法を探求するという心理臨床の実践に寄与するという意味である。もう1つは、極めて当然ではあるが、自らのオリジナリティを発見し、よりよい心理臨床ができるようになることである。

　「オリジナリティのある研究」という評価には甘美な響きがある。研究をするからには、何かオリジナリティあふれる研究をしたいという思いがつきまとう。何より、研究においてはオリジナリティは必須とされている。しかし、オリジナリティを追い求めることから始めると、研究を進めることができなくなるのである。それは、自らのオリジナリティは何なのか、どこにあるのかという問いに捕らわれてしまい迷子になってしまうからである。では、オリジナリティはどのように見つけるのか。

　自らの研究のオリジナリティを明確にするためには、他者の研究と比較するしかないのである。しかし、比較にばかり目がいくと、自らの研究のオリジナリティを見失ってしまい、これまた研究が進まなくなるのである。

(2) オリジナリティは育てるもの

　研究を行うときに必ずつきまとうのが先にも述べた「オリジナリティのある研究」という言葉である。この言葉によって、オリジナリティを「創り出さなければならない」という思いに捕らわれてしまう。しかし、よくよく考えてみれば、すべての心理臨床家は人が起こす現象を観察しているだけであり、オリジナルな現象を創り出しているのではない。このことは、その観察された現象を自分なりにどのように表現するかという点にのみオリジナリティを見出すことができることを示している。先人の普遍的な表現と自分の感覚がせめぎ合い、その中で「自分なりの表現」ができるよう

になるには膨大な時間と経験が必要となる。それは自ら観察した現象を表現する言葉はいきなり生まれるものではなく、日々の心理臨床を大切にする中で心理臨床家としての成長とともに少しずつ育つものであると筆者は考えているからである。筆者が心理臨床家として成長しているかはわからないが、現在進行形の筆者の研究を例に挙げながら研究におけるオリジナリティについて述べる。

(3) オリジナリティの種

　日々の心理臨床活動の中で自らが感じているものと、論文や研究によって報告される内容との間にズレが生じる。そのズレを大切にすることで、自らの研究テーマが次第に見えてくることがある。しかし、そこにはまだオリジナリティは見られない。しかし、オリジナリティのある研究の種となることがある。

　先にも述べたが、筆者は学校臨床領域での活動を主としている。学校臨床では、教員とのコラボレーションが重要とされ、コラボレーションに関する研究や報告がすでに数多くなされていることからも重要性をうかがうことができる。先人たちの報告や研究からその重要性を筆者は理解しているが、自らがその現象を表現する力を持ち合わせていないと感じており、日々是修行状態である。そんな中で学校臨床に関する報告や研究に目を通す中で違和感を覚えるようになった。その違和感の正体を探るうちに、すべての研究がSCサイドの視点で行われていることに気づき、教員や児童生徒、そして保護者の視点から見たSCはどのようなものとなっているのかを知りたいと思うようになったのである。教員から見たSCへの評価（評判）に関する研究や不登校生徒への関わりについての研究は見られたが、不登校生徒から見たSCという存在について述べられた研究は見られなかった。ならば、その点を探っていくことをテーマにしようと思い立ったのである。

(4) 種から花へ

テーマが見え始めると同時に、研究を進めるための方法を検討していくことになる。方法を検討していく中で、より一層自分が知りたいと感じている事柄が明確になると同時に、今の自分にできる研究の限界も見え始める。そして、今できる方法で研究データを集めることになる。

「不登校生徒から見たスクールカウンセラー」という種は見つかった。では、これをどのように形にするか。研究にする上での最大の難関はその方法であった。自らが関わった生徒にインタビューをすることになるが、バイアスがかかるのではないかという不安はあった。また、誘導的にならず、できるだけ自由に話してもらうためには何が必要で何が不必要かを考えなければならなかった。考えた結果、自らが残した1年半にわたる家庭訪問の記録をすべて開示し、一緒に考えてもらうという方法に決定した。

本人へ連絡を取り、研究に協力してほしいが、一度しっかりと説明したい旨を伝えたところ、話を聞いてもらえることとなった。自宅を訪問し、研究の趣旨と方法を説明した。その際に、不登校という時間を振り返ることになるので、しんどくなることが予想されること、そのときには中断という形でいいことを伝えたところ了解を得られた。その後、実際にインタビューを2度に分けて行い、生徒から見たSCの家庭訪問についての率直な意見や感想を聞くことができた。

(5) 花から実へ

得られたデータをもとに、観察された現象を自分なりに表現していくプロセスが始まる。そこで行われる考察にこそ、その研究の意義を述べ、研究のオリジナリティが現れてくることになる。

筆者の研究においては、学校臨床に関する先行研究との違いを明らかにし、データも集まった。そして、分析と考察を行う段階になった。しかし、ここで新たな問題が生まれる。理論としての結論を成立させることができないのである。これは、研究ではなく、単なる感想文にしかならないとい

うことを意味している。話は少し逸れるが、このときに心底思ったことが一つある。それは「ゼミがあると話せるのになぁ……」。そこで止まってしまった。そのまま月日が経ってしまった。しかし、ある研修会の事例募集を見て思ったのである。「とりあえず、発表してみるか」。発表などまったく考えていなかったが、勢い任せで発表に申し込み、発表を行った。フロアからの質問や感想はよい刺激となり、司会の先生からも投稿を勧められた。そして……また止まっているのである。

(6) オリジナリティを打ち出す難しさ

　筆者の研究が止まった理由はいくつかある。1つはこの研究最大のセールスポイントのアピールができずにいることである。心のどこかで、「こんなことは誰かがすでに報告しているのではないか」「当たり前のことではないか」と不安になっているのである。2つ目の理由は、1つ目の理由と矛盾するが、一つの事例の中には、あれやこれやとたくさんのオリジナリティの種が埋もれており、欲深く目移りしてしまうのである。オリジナリティを打ち出すためには、切り捨てるべきものを切り捨て、残すべきものを残す適切な取捨選択の覚悟をしなければならないのである。3つ目の理由は、「不登校生徒から見たスクールカウンセラー」というテーマを設定したが、これは単に自分がどのように見られているかが気になっているという自意識の問題ではないだろうかと疑い始めたからである。だからといって、家庭訪問の記録を発表するだけではオリジナリティを打ち出すことはできない。「今の自分にできる限界」を知り、そこで折り合いをつけることに非常に手間取ってしまったのである。

(7) まとめ

　研究におけるオリジナリティとは、自ら観察した現象を自らの言葉で表現していくことである。しかし、その表現はいきなり生まれることはなく、日々の心理臨床や先行研究の精読の中で心理臨床家としての成長とともに

見ることが可能になる。また、いきなり自らのオリジナリティを追い求めると、研究を進めることができなくなることも多いため、研究におけるオリジナリティは"時間をかけて育てるもの"という認識が重要であろう。

4. 臨床と研究におけるオリジナリティの相互作用

　ここまで、臨床と研究それぞれにおけるオリジナリティについて述べてきた。再度簡潔にそれぞれのオリジナリティを述べるならば、臨床におけるオリジナリティは"その瞬間にその場でしか生まれないもの"であるのに対し、研究におけるオリジナリティは"時間をかけて育てるもの"となり、両者が大きく異なるものであることは明白である。しかし、この2つは強く結びついていると筆者は考えている。それは、この2つのオリジナリティが一人の心理臨床家の中に同居しているがゆえに相互に影響し合うという点に基づいている。

　臨床におけるオリジナリティは"その瞬間にその場でしか生まれないもの"である。その繰り返しと積み重ねの中で、クライエントの変化が生じていく。その変化の過程に寄り添い、より適切な寄り添い方を模索する中で心理臨床家に気づきが生じる。その気づきこそが、研究におけるオリジナリティの種なのである。この種を育て上げるためには、適切な取捨選択を行わなければならない、逆に言うならば必要なものを選択する訓練である。この訓練の成果は、臨床でその場に対する感度が上がるという形で現れる。感度が上がることで、"その瞬間にその場で生まれるもの"がより洗練されることになり、臨床の場がクライエントにとって変化が生じやすい場になっていく。このように、2つのオリジナリティには直接的な結びつきではないが、相互に影響し合う関係があると考えられるのである。

　臨床、研究において独創性と普遍性のせめぎ合いから生まれるオリジナリティをともに重要としているが、それぞれにおいてオリジナリティが危険性を持っている。臨床においては独善性との混同による臨床場面の破壊、研究においてはオリジナリティ迷子になる可能性である。よって、そ

第 6 章　臨床と研究におけるオリジナリティ

の危険性を十分に認識しておくことが重要である。危険性を十分に認識できるならば、オリジナリティは臨床、研究両者において非常に創造的な役割を果たしていくものと考えられるということを述べた。相互に影響していることを考えれば、いずれかのオリジナリティが独善的となったり、迷子となったりすることは、一方の独善性を高め、一方の迷子感を高めていくという負のスパイラルを生み出すことになる。そうならないためにも、臨床、研究両方、少なくとも一方で他者に話す機会を持つことが重要であると考える。

5. 最後に

　心理臨床の世界で生きていくということは、臨床は目の前にいるクライエントが少し楽に生きていくことができるように、研究は少し遠くにいるクライエントを心理臨床家が寄り添いやすくできるように行っていくということである。それぞれにオリジナリティを見出していくことが非常に大切なことであり、本章ではその大切さについて述べてきたつもりである。しかし、心理臨床家がオリジナリティを見出すことは心理臨床の目的ではない。極めて当然であるが、クライエントのために臨床と研究は行われていくべきである。よって、心理臨床におけるオリジナリティとは独創性と普遍性のせめぎ合いの中で探し出されたクライエントのために「今自分にできること」に自然と備わっているものである。

　「今自分にできること」を探していく過程は、自分の思い込みという独善性によって大きく曲げられてしまう危険性をはらんでいる。筆者は独善性による失敗を大小含めて数え切れないほどしてしまっている。悔やんでも悔やみ切れないものもある。自戒の意味を込めて、その失敗から、オリジナリティつまり「今自分にできること」を探す上で、臨床、研究両者に共通する点を挙げて本章を終えたい。

（1）自分で情報を集める

とても基本的なことであるが、他者からの情報をもとに判断してはならない。どれほどその他者を信用していてもである。例えば、学校臨床であれば、教員からある子どもについて「落ち着きがない」という話を聞いたとする。まずすべきことは、その子どもを実際に見てみるということである。学校臨床だからこそできる観察である。欲を言うならば、その子への接触を図りたいところである。研究であれば、先行研究の引用文献を丁寧に読み込むということである。臨床にしろ、研究にしろ、「今自分にできること」を絞り込んでいくためには、自らの感度を上げる必要がある。そのためには自分が得た情報に基づいて自分が判断していく必要があるのである。地道な作業であるかもしれないが、それが「今自分ができること」をより鮮明に浮き上がらせてくれる。

（2）他者に相談する

上に書いた「自分で情報を集める」と矛盾するように感じるかもしれないが、他者に相談することは非常に重要である。重要なのは、自分の感覚や考えを言語化するということである。研究であれば、誰かと話をしていると違和感としか言いようのなかったものや自分でも気づいていなかったことが形を帯びることがある。心理臨床であれば「今自分にできること」と思っていたことが実は独善的言動そのものであることを指摘してもらえることもあるのである。「今自分にできること」は、他者に理解してもらうことができて初めてオリジナリティたり得るのである。「今自分にできること」を他者に話すことは非常に不安がつきまとう。それは、もしそれが否定されたり、否定されたと受け取ってしまった場合、自分のオリジナリティを否定されたと同義であり、大きく自分が傷ついたように感じてしまうのである。そこで考えてほしい。心理臨床はクライエントのために行われるのである。クライエントのために「今自分にできること」を探す上では、妥協してはならないのである。

第 6 章　臨床と研究におけるオリジナリティ

　「今自分にできること」を探し続けること、それが心理臨床を生きるということであろう。

〈あとがき〉
　筆者は心理臨床に関する普遍的な論文を書いたことがあるわけでもなく、心理臨床に関する独創的な理論を構築したわけでもない。「自分にはオリジナリティがない」という思いが「オリジナリティなき者が論文を書いてもよいのか」という抵抗感へとつながり、論文を書けずにいる。この事実は、自分自身のオリジナリティを認めるに至っていないということを端的に示している。「途中経過でも出してみることが大切」ということを頭では理解しているが、ナニかが拒否しているのである。
　そんな筆者が臨床と研究におけるオリジナリティについて述べることにも強い抵抗感があった。その抵抗感と向き合うことができず、書いてみた本論の筋が"オリジナリティ"から逸れていった。昔、「森田は最後に逃げる」と言われたことを思い出す。当時は意味を理解できなかった。「自分自身と向き合っていない」ということを指摘されていたと今は理解できる。しかし、理解できるということと、それを実感することには大きな隔たりがある。ここで「自分の中に抵抗感があると言い訳し、向き合っていない」という逃げであるということに気づく。いくつになっても「森田は最後に逃げる」は変わっていないのであるが、そろそろ最後まで逃げない時期である。本章が、筆者が「独創性と普遍性のせめぎ合い」という土俵で自分と向き合う姿そのものになっていてほしいものである。

第7章
臨床家はどうして統計が嫌いなのか
統計嫌いのあなたへ

白井祐浩

1. はじめに
(1) 臨床家は統計嫌い？
　この本の話を受けたときに、企画者から「臨床家の中には統計に対してアレルギー反応を持つ人も少なくない。それが研究者の道を選ぶか、臨床家の道を選ぶかの一つの分岐点になってしまっているのかもしれない。しかし、統計とうまく付き合うことは臨床実践や研究の幅を広げることにもつながると思うので、臨床研究における統計の意味や使い方、考え方について書いてもらいたい」という本章のテーマ設定の理由を聞いた。確かに、私の周りにも統計の本を読んでもわからず周りの人に言われるままに統計処理を行って後で困る人や、「統計が苦手だから」と統計研究を避ける人もいる。臨床家や臨床心理学を学ぶ学生の中には深刻な統計嫌いがいるように思う。きちんと使えば研究でも実践を振り返る上でも有用な道具になり得るものなのに、統計はどうしてこんなに嫌われるのだろうか？

(2) 統計が嫌いなワケ
　統計嫌いの人に話を聞くと、次のような理由を話すことが多い。

・数式の意味がわからない。

・データを取ったけど、どの統計を使ったらいいかわからない。
・結果から何が言えるのかがわからない。
・そもそも、統計や数字なんかで人の心がわかるとは思えない。

　読者の中にも「うんうん」とうなずいている方がいるかもしれない。これらのイメージが「統計はわからない」という感覚を生み、統計嫌いを作っているようだ。しかし、このイメージは妥当なものなのだろうか？本章ではこれらの意見について考える中で、統計嫌いの人の統計への関わり方を考えてみたい。

2. 数式の意味がわからない
——数式、文章、イメージによる統計の理解
(1) 統計理解の3つのやり方

　まず、「数式の意味がわからない」という意見について考えてみよう。確かに統計といえば数学というイメージが強い。統計学は基本的に応用数学手法を用いるものであり、統計学の本にはやたらと数式が羅列されているため、当然だろう。また、統計用語も「母集団」や「分散」など堅苦しい言葉が並び、まるで知らない言語で書かれた本を読んでいるような感覚に陥るかもしれない。特に、心理学は人文・社会科学に属しているため、文系から心理学に来た人の中には「こんなはずじゃなかった……」と頭を抱える人も多いのではないか。統計が数学の一分野というだけで拒絶反応を生じる人もいる。

　では、数学が苦手な人が統計を理解することはできないのか？　私はそうは思わない。数式で統計を理解できないなら、別の理解の仕方をすればよい。

　私は統計には3つの理解の仕方があると思う。1つは「数式による理解」、1つは「文章による理解」、そしてもう1つは「イメージによる理解」である。これらの中で自分が得意な方法を選べばよいのだ。

第 7 章　臨床家はどうして統計が嫌いなのか

① 数式による理解

　「数式による理解」から見ていこう。先に述べたように、一般的には「統計＝数式」というイメージがある。では、そもそも数式とは何か？　私は、数式とは数字を扱うための言語、それもかなり効率のよい言語だと思う。自然科学の本を読むと多くの数式が出てくるが、その数式には意味があり、言葉では何ページも必要な説明をたった一つの数式で説明できる。自然科学者は数式という言語を知っているから、数式で語られていることがわかる。心理臨床を学ぶ人が数式の意味を理解できないのは、そもそも数式という言語を学んでいないからである。統計という「文章」を数学的に理解するには、数式という「単語」やそれをつなぐ「文法」を知る必要がある。数式という言語を知らない人が統計という文章を理解できないのは、英単語や英文法を知らない人が英語をわからないのと同じことなのだ。

　また、統計学は論理的な学問なので、わかる人には理路整然として、明快なものである。しかし、論理的だからこそ、途中で一つでも理解できないところがあれば、その後はお手上げ状態になる面もある。何となくわかるという理解の仕方はあり得ない。

　このような理解の仕方（「数式による理解」）は、論理的な思考や数学的な考え方が得意な人に合っている。しかし、白黒が明確ではない学問である臨床心理学や多くのあいまいさを抱える心理臨床に携わる人の中には統計の論理的な考え方がなじまない人もいるだろう。そんな人は無理に「数式による理解」にこだわらず、別の理解の仕方を模索する手もある。それが「文章による理解」と「イメージによる理解」である。

② 文章による理解

　本屋に行くと「文系のための統計学」のような、数式が一切出ない統計の本を見かける。これらは数式という言語を使わず、日常語のままで統計について説明する。あるいは、数式という特殊な言語に翻訳された説明を多くの人が知っている日常語に再翻訳していると言える。

この「文章による理解」は、数式という言語を知らなくても理解できるというメリットを持つ。日本語さえ理解できればよい。また、「数式による理解」は数式によりすべてが説明されるため他の表現への言い換えはできないが、「文章による理解」は日常語なので補足をしたり、例を挙げたりと説明のバリエーションを持つことができる。一つの説明ではわからなくても、別の説明で補足ができるため、何となくわかるという中間的な理解が可能となる。ただし、これはデメリットにもなりうる。

「文章による理解」のデメリットとしては、説明が非常に煩雑になることがある。数式という効率のよい言語を日常語に再翻訳することは、一つの数式で表現できることを何行にもわたって延々と説明することになり、説明がややこしくなる。加えて、数式は一つの解釈しかできないため読み手に誤解を生じることはないが、文章の場合は翻訳する過程で説明の途中が省略されたり、読み手が複雑な説明を読み違えて誤解したりすることもある。そのため、何となくわかった気になっても実際にはわかっておらず、結局は適切に統計を使えないことになる。

つまり、「文章による理解」には書き手の説明力と読み手の読解力が必要となる。読み手は日常語への翻訳の中で生じるわかりにくい部分を補足する必要があるし、複雑な説明の中で書き手が言いたいことを的確に読み取ることも必要だ。さらに、統計自体が論理的な思考方法なので、日常語に変換しても、その内容はかなり論理的に書かれている。それを理解する論理的思考も必要となる。それゆえ「文章による理解」は、文章を読むのが得意な文学者タイプで、かつ論理的思考に慣れている人に向いている。

③ **イメージによる理解**

しかし、臨床家の中にはあまり論理的思考が得意ではない人もいる。これは私が何人かの臨床家にスーパーヴァイズをした経験の中で感じることだが、臨床家の中には、論理の積み重ねを通してケースを理解する部分が強い人と、直感的、感覚的に理解する部分が強い人がいるように思う。もちろん、誰しもその両面での理解をしているが、人によってその重みが違

うのである。「論理型」の人は相談者の語りを聞き、質問を重ねることで少しずつ理解していくために、理解を深めるのに時間はかかるが、大外れはないし、そのプロセスを言葉で説明しやすいという特徴を持つ。一方、「感覚型」の人は相談者の非言語的な部分をキャッチする力に優れており、少しの会話の中で相談者の気持ちや感覚を直感的に理解する。それがヒットすると臨床家も相談者もわかり合えた感覚を強く持つのだが、なぜそう感じたのかについては、なかなか言葉にできない。また、その感覚が当たればよいが、ズレていた場合はまったくの的外れになることもある。

さて、統計の理解に話を戻すと、この2つのタイプのうち、「感覚型」の人の中には、言葉でくどくど説明されても混乱するだけという人もいる。「文章による理解」をしようとしても、なかなか理解がしにくい。そんな人には「イメージによる理解」が向いているかもしれない。

「イメージによる理解」とは図やイラスト、たとえ話などを用いた理解の仕方だ。私が統計嫌いの人に統計を教えるときには、図を用いて説明することが多い。分散やt検定の意味などは、図で説明するほうが理解しやすいようだ。図で示すほうがその意味を一目で、直感的に理解できる。私が教えた人は、ものの10分ほどでt検定の大まかなイメージが理解できたようだった。特に「感覚型」の人は直感的な理解能力に優れているため、「イメージによる理解」は頭に入りやすいと思われる。また、「感覚型」でなくても臨床家にとってイマジネーションは重要な能力であり、この能力に優れている人が多いだろうから、「イメージによる理解」がわかりやすい人は多いのではないかと思う。

「イメージによる理解」のメリットとしては、直感的理解が可能であり、大まかにではあるが、短時間で理解ができることが挙げられる。数式も複雑な説明も必要なく、わずかな説明だけでその本質的な意味や全体像が理解できる。ただし、デメリットとしては直感的な理解であるがゆえに、論理的な組み立ての部分は薄れてしまい、全体像はわかったが、説明はできないということにもなりかねない。「感覚型」の人が自分の感じ方や理解

のプロセスを説明できないのと同じである。それゆえ、一対一で教えるにはよいが、本や論文のような文字の形で説明はしにくいところもある。

このような「イメージによる理解」は「感覚型」の人、想像力が豊かな人や芸術家タイプ、直感タイプの人が向いている方法と言える。

(2) 意味の理解

ここまで、統計の3つの理解の仕方について述べてきたが、いずれもメリット、デメリットがあり、自分が理解しやすい方法から統計に近づくとよい。また、内容によって適した理解の仕方が異なる可能性もある（平均の定義は数式で、尺度水準は文章で、t検定の意味はイメージで、など）。いずれにせよ、どのやり方を用いたとしても、その統計手法や説明が何を意味しているのかを理解すること、すなわち「意味の理解」ができることが重要である。あるやり方で「意味の理解」ができれば、統計理解のフレームが作られ、他の理解の仕方についてもわかる可能性がある。統計が苦手な人は自分の得意なやり方で「意味の理解」を目指すとよいだろう。

3. データを取ったけど、どの統計を使ったらいいかわからない
——統計に詳しい人を頼るには

(1) 研究において重要なもの

では次に、「データを取ったけど、どの統計を使ったらいいかわからない」という意見について考えよう。学生から「データを取ったけど、どの統計を使ったらいいかわからないので、教えてください。このデータで相関とかt検定とかできますか？」という質問を受けることがある。とりあえずデータは取ってみたが、どんなデータ処理ができるのかわからないという状態だ。これはよく聞く質問だが、実はこの質問が出る時点で研究としては大きな問題を抱えている。

このような質問をする学生の中には、「統計はよくわからないが、データさえあれば、統計にかけると何かの結果が出てくるらしい」という期待

を持っている人がいる。しかし、実際には、質問をされた側もこれだけの情報ではどのような統計を使えばいいのか決めることはできず、質問に答えられない。

　この問題は「研究において重要なものは何か」を考える上での格好の材料となる。いったいなぜ質問をされた側は統計手法を決められないのか？統計手法を選ぶために足りないものは何なのか？

　この疑問に答えるため、まずは研究の構造について見ていこう。

(2) 研究の構造

　統計を用いる研究の中身は大きく4つの部分に分けられる。論文を読んでいるとよく出てくる「目的」「方法」「結果」「考察」の4つである。統計処理は「方法」に含まれ、統計処理で出てきたものは「結果」となる。「どの統計を使ったらいいですか？」という質問は「方法」の選択に関する質問である。ところが実際は、「方法」はデータを取ってから決めるものではなく、その時点ではすでに決まっていなければならないものなのである。

　では、「方法」はどの時点で決まるのかというと、研究者の知りたい事柄について明確にする段階、すなわち「目的」の段階で決まる。もし2つの条件の比較をしたいなら差の検定を、2つの事柄の関係について知りたいなら相関や回帰分析を用いるという具合である。

　逆に、自分が知りたいことがわからなければ、いくらいろいろな統計手法を知っていても、その研究で用いるべき統計手法はわからない。統計手法の種類だけ聞かれても答えようがないのである。こう考えると、「データを取ったけど、どの統計を使ったらいいかわからない」という意見は、用いるべき統計手法がわからないことが問題なのではなく、実は、研究目的が明確になっていないことこそが問題であることがわかる。

第Ⅲ部　深める

(3) 研究目的と自分の「軸」

　研究において最も大切なのは「目的」である。「自分が何を知りたいのか」を知っていることこそ、研究で最も重要なことなのだ。
　しかし、「自分が何を知りたいのか」を知ることは、簡単そうに見えて簡単なことではない。臨床家であれば、自分を理解することがいかに困難で時間を要することであるかは身に染みて理解していることだろう。それは、研究でも同じである。初めは、自分の知りたいことは漠然としているかもしれない。しかし、時間をかけて「自分は何を知りたいのか？」と自分に問い続けることで、それが明確になっていく。そのために、同僚や同期生に話を聞いてもらうのもいいだろう。研究というと、データを取ったり、それを分析して解釈したりすることがメインであり、そのために多くの労力と時間を使うというイメージを持つ人は少なくないと思う。しかし、実際は、この「自分が何を知りたいのか」という部分にこそ時間とエネルギーをかける必要がある。
　私の大学院時代の指導教員はこの部分を非常に大切にしていた。初めはどの学生も、自分の研究テーマはかなり漠然としている。例えば私の場合は「研修型のエンカウンター・グループをもう少しメンバーにとって意味のあるものにしたい」という「思い」から研究が始まった。先生によっては、研究計画を立てることや先行文献を読むことを重視する方もいると思う。しかし、指導教員は研究者の「思い」や「関心」を、それが漠然とした形であっても否定せずに確かめていくことを重視していたように思う。
　結果として、研究者の「思い」は研究を貫く「軸」となり、その研究者ならではの研究を生み出す土壌となる。私の「思い」もゼミで発表する中で、あるいは他の学生や先生のコメントを受ける中で、「メンバーは一人ひとり違うのだから、個々のメンバーのニーズに合わせたエンカウンター・グループが必要ではないか」という問題意識となり、グループメンバーのニーズ測定尺度を作成するという修士論文の研究につながった。そして、この研究の「軸」となった「人（メンバー）の個性とニーズ」とい

う関心は、現在に至るまで、私の研究において、さらに臨床や人生においても、重要な自分の「軸」となっている。

(4) 統計に詳しい人を頼るために必要なこと

少し話が逸れた。統計に詳しい人であれば、「目的」が明確になれば、自分で統計手法を選択し、「結果」を出すことができるだろう。しかし、統計が苦手な人は、「目的」が明確でも、データを処理するときに統計が得意な人を頼らざるを得ない。このときに「どの統計を使えばいいのか？」と質問するだけでは、質問される側も答えようがないことはすでに述べた。では、統計に詳しい人を頼るにはどうしたらいいのか？

適切な統計手法を選んでもらうためには、そのデータから何を知りたいのか、つまり研究の「目的」を伝える必要がある。自分が知りたいことを整理し、統計に詳しい人に説明した上で、「こういうことを知りたいのでこういうデータを取ったのだけれど、どのように分析をしたらいいか？」と尋ねるならば、相手はきっと「目的」に合った統計手法を選んでくれることだろう。後は、お礼に晩ご飯の一つでもおごってあげればOKである。「目的」という情報があって初めて、適切な統計手法を選べるのである。

もし、どのような統計手法を用いればいいかについて迷ったときは、まず自分に問いかけてみるといいだろう。「私が知りたいことは、何だろうか？」と。

4. 結果から何が言えるのかがわからない
——尻尾のないトカゲにならないために
(1) 尻尾のないトカゲな研究

続いて、データを統計処理にかけたはよいが、「結果から何が言えるのかがわからない」という意見について考えてみよう。私もプリントアウトしたデータを手に、「こういう結果が出たのですが、何が言えそうですか？」と尋ねてくる学生と会うことがある。これは研究の4つの部分で言

うと「考察」に関する質問だ。読者の中にも、統計処理により「結果」は出たが、それをどう「考察」したらいいのかわからず悩んだ経験のある人がいるかもしれない。

それどころか、卒業論文発表会などでは「統計をかけた結果、有意差が見られ、AとBの間に差があることがわかりました」というところで終わっている発表を見かけることがある。AとBの間で差が出た理由を考え、そこに生じている現象を解釈するのが「考察」なのだから、この研究は「考察」まで至らず、「結果」で途切れてしまっている研究と言える。このような竜頭蛇尾どころか、尻尾のないトカゲのような研究にならないためには、きちんと「結果」を「考察」する必要がある。とはいえ、どう「考察」したらよいのかさっぱりわからないという人もいるだろう。そこで、本節では何を手がかりに「考察」を行えばよいのかについて考えてみよう。

(2)「考察」は「目的」から

前節で「方法」は「目的」により決まると述べたが、同時に「方法」が決まれば、それを用いてデータを処理することで、出てくる「結果」も決まる。つまり、「目的」が明確になれば、「方法」と「結果」が自動的に決まることになる。これに対して「考察」は、「方法」や「結果」のように、「目的」が決まったからといって自動的に決まるものではない。とはいえ、「考察」を考える上でも「目的」は重要な役割を担っている。

もし「目的」がはっきりしないまま「考察」をすると、どうなるのか？実は「目的」が明確でなくても、統計処理にかければ、何らかの「結果」は出る。しかしその場合、一つひとつの結果については説明できるかもしれないが、その結果を一つの筋を持ってまとめ上げられず、研究を聞いた人から「それで、結局何が言いたいの？」と言われるハメになる。

また、明確な「目的」を持って「結果」を「考察」しても、結果を見ている間に「この部分もおもしろそう」などと興味が移り、研究「目的」を見失ってしまうこともある。特に多くの変数を扱う研究では結果を見てい

く過程で、結局何がやりたかったのかがわからなくなることがある。そんなときは「自分は何を知りたかったのか？」という「目的」に立ち戻ってみると、自分の進むべき方向性が見えてくるだろう。

　ちなみに、「考察」の前に「目的」を自覚することは重要だが、データを取り「結果」を出した後に「目的」を確かめたとしても、「やっぱりこの結果からは自分の知りたいことはわからない」という結論に達して途方に暮れることもあるので注意が必要だ。やはりデータを取るなどの研究手続きに入る前に、きちんと「目的」を明確にしておいたほうがよいだろう。

(3) The facts are always friendly

　ところで、「考察」は「目的」に沿って行われるが、それは「結果」が「目的」通りになることを意味しているわけではない。必ずしも研究者の予測、仮説通りの結果となることばかりではない。「仮説通りの結果が出なかったのですが、どうしましょう」と困り顔で相談に来る学生もいる。確かに、期待通りの結果が出なかった場合、がっかりするし、結果をどう理解したらいいのかわからないときもある。そんなときに、よくあるのが「データ数が少なかったから、結果が出なかった。今後は、データ数を増やして再度調査をしていきたい」という考察である。しかし、期待した結果が出なかったからといってそれをデータ数の不足のせいにするのは、言い訳にしかならない。もしデータ数が少なすぎて「結果」を「考察」できないことがわかっていたのならば、初めからデータ数をそろえる努力をすべきである。もしデータ数が不十分なことに気がついていなかったのなら、それは「結果」や「考察」以前に、必要なデータ数をきちんと把握していないという「方法」のずさんさを示しており、そもそも根本的な研究計画自体がダメという、研究者としては何とも情けない状態と言える。

　では、予測通りの結果が出なかった場合、その結果をどう扱えばいいのか？　私はこういうときに、カール・ロジャーズの「The facts are always friendly」という言葉を思い出すようにしている。ロジャーズのことは、

読者の多くはご存じだろう。来談者中心療法、あるいはパーソン・センタード・アプローチの創始者である。ロジャーズは臨床家であり、理論家であり、哲学者であり、そして科学者であった。ロジャーズは自身の行っている実践を科学的に実証しようとし続けた人物である。その科学者、カール・ロジャーズは次のように言っている (Rogers, 1961)。

The facts are always friendly, every bit of evidence one can acquire, in any area, leads one that much closer to what is true.

日本語に訳すと、「事実はいつも（研究者の）味方であり、いかなる領域においても、得られた証拠はどんなに小さなものであれすべて、真実により近づけてくれる」という感じになる。この言葉は、「結果」を歪めることなく、そのまま受け入れる研究者の態度を表している。どんなに仮説とは異なる結果が出たとしても、それは一つの事実であり、その結果が出たことには何らかの意味がある。その意味を考えることこそ、真実に近づくためのプロセスと言える。仮説通りにならなかった結果を誤差やデータ数の不足として切り捨てるのではなく、仮説とは異なる結果となった意味を考え、解釈をすることが大切なのだ。

これについて、私の体験を一つ紹介しよう。私が看護学校1年生を対象にした、ワークを用いた仲間づくりのグループの効果測定をしたときの話である。そのときは、学生のクラスへの印象を調べる尺度を利用したのだが、複数の看護学校で何年かにわたって、クラスごとにグループを実施した結果を見ると、グループ実施直後はどのクラスも効果が見られた。しかし、フォローアップを見ると、効果が持続するクラスもあれば、持続しないクラスもあり、一貫した結果が出なかった。この一貫性のなさがどこからくるものなのか、私はまったく見当がつかず、途方に暮れていた。いっそ、誤差のせいにして、直後の効果を中心に研究をまとめようかと考えていた、そのときである。大学生を対象としてグループの研究をしていたあ

る大学生が結果の見方について尋ねてきた。彼は、単にグループの前後での比較だけではなく、学生のもともとの状態によって群分けをして、効果の検討を行っていた。これを見て、私の脳裏にある考えがひらめいた。「ひょっとすると、私の研究結果の一貫性のなさは、グループの参加学生の、もともと持っているクラスへの評価が影響しているのではないか?」と。そこでさっそく、もともとクラスに肯定的な評価をしていた学生と否定的な評価をしていた学生に分けて分析をしてみると、もともと肯定的な評価をしていた学生はグループによって一時的に評価は高まるが、ある程度時間が経つとそれは収まり、もともと否定的な評価をしていた学生はグループによってクラスへの評価が高まり、時間が経っても持続する、という結果がきれいに出たのである。これをもとに、私は、グループにより「ほどほどの関係」が生み出されると考察をした。一貫性のなかった結果を誤差として切り捨てず（危ないところではあったが）、「結果」にきちんと向き合ったことで、私の研究はより真実に近づけたのである。

　この体験を通して私は、仮説通りの結果が出なかった研究こそがより新しい発見を生み出す土壌になるのではないかと思うようになった。仮説通りの結果が出た場合、「考察」は「研究者の仮説が正しかったことが示されました」としか書きようがない。これは研究者としては楽ではあるが、そこから新しいものは出てこない。一方、仮説通りの結果が出なかった場合、それは仮説が不十分だったことを表している。そこを考えていくことで、これまでとは違う新しい視点が生まれてくる（ただし、このために研究者はかなり考え込まないといけない）。その意味では、仮説通りではない「結果」こそが、オリジナリティを持つ研究の土壌になると言える。

　「結果」はどんなものであれ、いつも研究者の味方であり、より真実に近いところへと導いてくれる。期待した「結果」が出ずに途方にくれたときは、「The facts are always friendly」という言葉を思い出してほしい。あなたのやっていることは、必ず次の一歩につながるのだ。

5. 統計や数字なんかで人の心がわかるとは思えない
　　——事例研究でわかること、統計研究でわかること

(1) 統計や数字で人の心がわかるのか？

　最後の「統計や数字なんかで人の心がわかるとは思えない」という意見はどうだろう。統計を用いた研究は客観的だと言われるが、一方で冷たい感じや、人を一まとめに扱っている感じがあり、心という主観的かつ具体的、個別的なものを数字として扱う研究に違和感を覚える人もいるかもしれない。確かに、事例研究は臨床家と相談者の具体的なやりとりや変化をイメージしやすい。事例によってはこちらの心が揺さぶられ、感動さえ起こり得る。対して、「統計研究でストレス得点に有意な減少が見られた」と言われても、具体的な変化をイメージできるか言うと、今いちピンとこない。また、統計研究を読んで、「なるほど」と納得することはあっても、感動することはあまりない。統計研究を読んでもあまり「人の心がわかった」という実感を持ちにくいのである。

　では、統計研究では相談者の心は理解できないのか？　臨床研究では統計研究よりも事例研究のほうが適切なのだろうか？

(2) 事例研究でわかること

　臨床研究において事例研究は大きな位置を占めている。臨床心理学の分野では学会や論文で多くの事例研究が発表されている。では、事例研究とはどんな特徴を持ち、何を知ることができるのだろうか。

① 事例研究の特徴

　事例研究の大きな特徴の一つはその具体性である。具体的な関わりや面接プロセスを示す事例研究は、実際に面接をしている臨床家に多くの知見や刺激を与えてくれる。他の臨床家の面接を知ることで、自分の面接での関わり方を内省したり、自分とは違った関わり方を知るきっかけとなる。相談者（と臨床家）の生のやりとりを知ることができるというのが事例研究の醍醐味であり、だからこそ事例研究は心を扱っているという感じを持

たれやすいのだろう。

2つ目の特徴はその個別性である。似たような症状やプロセスを持つ事例はあっても、まったく同じ事例や面接はあり得ない。一人ひとりの相談者、各々の面接はそれぞれ異なる。その意味では、再現性や一般化とは無縁な研究法である。今ここでの、この相談者とこの臨床家の、このやりとりを突き詰めていくことが事例研究の特徴と言える。

3つ目の特徴は主観性である。事例研究におけるエビデンスとは、相談者の言動であり、それをつなぎ合わせるのは研究者の主観である。相談者の言動から考えた研究者の仮説が本当に正しいかどうかを確かめる術はない。あくまで、研究者の主観で創り上げた物語なのである。研究者は生育歴、症状、言動、状況などをなるべく包括して、矛盾しない相談者の物語と、臨床家の関わりを記述する。しかし、本当に臨床家の関わりが変化を引き起こしたのかどうかも、確かめようはない。このあたりが統計研究の研究者から批判されるところである。「それはあまりに主観的すぎるのではないか」と。

② 事例研究の意義

では、そんな事例研究から、私たちは何を知ることができるのか。

私は、事例研究の大きな意義の一つは、考え方や関わり方の幅が広がることであると考えている。確かに、事例研究は個別的であり、主観的である。再現性はないし、事例研究が示すような関わり方をすることで自分のケースがうまくいくとは限らない。しかし、いろいろな臨床家のいろいろな事例を見ることで、「こんな関わり方もあるんだ」とか、「自分とは違うが、こんな考え方をする人がいるんだ」など、自分とは違う考え方、関わり方に触れることができる。それが結果として、臨床の幅を広げることになる。実際のところ、仕事を始めると、他の臨床家の面接を見る機会はほとんどない。それゆえ、事例研究を通して、他者の臨床に触れる機会は貴重なのである。

もう一つの事例研究の意義は、臨床における大まかな指針を教えてくれ

ることである。先ほど、事例は個別的だと述べたが、まったく個別的で共通性はないかというと、そうではない。どんな事例でも信頼関係を築くことは重要だし、相談者の体験をきちんと理解することも大切だ。似たような相談者の場合、似たような面接プロセスをたどることもあるかもしれない。もちろん、信頼関係の築き方、臨床家の話の聴き方や具体的なやりとりなどは個々の事例で異なる。しかし、同じような症状、生育歴、そしてそもそも同じ人間としての共通性があると考えられる。事例研究は、個々の事例を突き詰める中で、結果的に臨床の共通性を示すという側面を持つ。多くの事例研究を読むことで、個々の事例に通底するものを感じ取れれば、それを面接における指針として活用できるだろう。

(3) 統計研究でわかること

このように、事例研究は臨床心理学において重要な研究手法である。では、統計研究はどうか？「統計で人の心がわかるのか？」という疑問を持たれる統計研究は臨床に役立つような心の理解をもたらしてくれるのか？この問いを考えるために、統計研究の特徴について見ていこう。

① 統計研究の特徴

統計研究の特徴は、事例研究の反対を考えるとよい。事例研究の特徴は具体性、個別性、主観性なので、その反対は抽象性、一般性、客観性となる。

具体性を持つ事例研究に対し、統計研究の多くは具体的なやりとりや対応がわかるものではない。より抽象度の高い、メタレベルのものを扱う。一つの事例に生じていることではなく、「うつ病の人」や「Aという心理療法を受けた人」という抽象的な対象を扱う。いや、正確に言えば、平均的な「うつ病の人」や平均的な「Aという心理療法を受けた人」を扱う。ここで注意してほしいのは、平均的な「人」などというものは、現実には存在しないことである。平均値を取った人はいるかもしれない。しかし、平均的な「人」というのは、対象となる人すべてを一つに練り込んで、切

第 7 章　臨床家はどうして統計が嫌いなのか

り分けたような存在である。そんな人間はこの世に存在しない。あくまで、概念的な「人」である。この概念的な「人」を扱うことが、抽象的な対象を扱うという意味である。これは統計研究の大きな特徴ではあるが、統計研究による人の理解への違和感はここからきているのだろう。

　次に、結果が一般性を持つという特徴がある。これは統計研究の大きなメリットである。結果が一般性を持つということは、言い換えると、多くの人に共通する部分を扱うことを意味する。統計研究は対象の持つ共通性を見出すことを目的として行われるのである。ただ、自然科学とは違い、人間を扱う研究は個人差や誤差が大きく、すべての人に100%当てはまる共通性を見出すことは不可能なので、確率の概念を用いることで、誤差を考慮した上での一般性、共通性を示すのである。

　では、なぜ一般性を持つことが重要なのか？　それは、一般性を持つ結果は他の対象にも応用ができるからである。研究で多くのデータをもとにある心理療法がうつ病患者に効果があると確認されたとすると、その心理療法は新しく受診したうつ病患者にも治療効果がある可能性は高い（誤差があるので100%治療効果があるとは言えない）。このような研究を進めていくことで、より多くの患者に効果のある心理療法を選択できるようになる。あるいは、うつ病患者の多くがある特徴を持つという結果が出たならば、その特徴は他のうつ病の患者にも当てはまる可能性が高く、その特徴の有無がうつ病の診断のための重要な判断材料となりうる。一般性が高いということは、それが多くの人に当てはまること意味する。そして、そこには研究で対象となった以外の人も含まれる。それゆえ、一般性を持つ研究は、結果の応用という点で大きな意味を持つのである。

　3つ目の特徴は、客観性を持つことである。客観性にはいろいろな意味合いが含まれるが、私が考える統計研究の客観性とは、「結果」に研究者の恣意性や主観が含まれないことだ。事例研究は、相談者のどの言動を抜き出すかを研究者が恣意的に決める。同じ面接場面でも、研究者によって抜き出す言動は異なるだろう。一方、統計研究は、同じデータで同じ統計

第Ⅲ部　深める

手法を使えば、どの研究者が分析をしても（手続きにミスがない限り）同じ数値が出る。そこに研究者の恣意性、主観が入り込む余地はない。

また、結果を判断する基準も、統計研究では明確である。事例研究では相談者のある言動から相談者に変化があったと判断する研究者もいれば、変化がなかったと判断する研究者もいるかもしれない。どの言動があれば変化があると判断し、どの言動があれば変化がないと判断するのかという基準は研究者の主観によって決められる。対して、統計研究は、t値が何点以上なら変化あり、それ以下なら変化なしという判断基準が明確に決められている。人により変化の有無の判断が変わることはない。このような誰がやっても同じという客観性を、統計研究は持っているのである。

② 統計研究の意義

では、これらの特徴を持つ統計研究から私たちは何を知ることができるのか。

統計研究の一番の意義は、やはり一般性を持つ結果を出せることだろう。すでに述べたように、一般性とは多くの人の共通性を示しており、その知見は他の対象にも応用することができる。臨床研究でも多くの事例を通して臨床の一般的な傾向を見出すことはできるかもしれない。しかし、その点については統計研究のほうが一枚上手だ。確かに統計研究では事例の個別性は誤差として取り扱われるため、個々の事例の細やかな変化を見ることはできない。しかし、これは逆に、統計研究が個別性にとらわれず、共通性のみに目を向けやすいという利点を持つとも言える。言うなれば、統計研究は共通性を見出すことに特化した研究法であり、事例研究以上に臨床実践上の大まかな指針を明確に示してくれることを意味しているのである。

(4) 統計研究における客観性

最後に、余談ではあるが、統計研究における客観性について一つ付け加えておきたい。

第7章　臨床家はどうして統計が嫌いなのか

　先ほど私は「統計研究の客観性とは『結果』に研究者の恣意性や主観が含まれないこと」だと述べた。ここで注意してほしいのは「結果」にという部分だ。統計研究は研究全体が客観性を持つというわけではない。統計研究にも研究者の主観は含まれるのである。

　まず、「目的」には必ず研究者の主観が含まれる。「目的」は研究者が自分の体験を通して作り上げた問題意識から生じるものであり、研究者の主観が大きく影響する。また、そこから生まれた予測や仮説も研究者の主観によって作り出されたものだ。

　さらに、「方法」も、研究にどの尺度を用いるかは研究者の主観に委ねられる。例えば、同じ共感性を調べる目的の研究でも、「何をもって共感性の指標とするのか」や測定のために使われる尺度は研究者によって異なるだろう。

　そして、「考察」にも研究者の主観が含まれる。「結果」は誰が分析しても同じだが、その結果をどう解釈し、結論づけるかは、研究者に任される。例えば、あるグループの前後でストレス得点が減少したとする。ある研究者はワークを行ったことでストレスが低下したと考えるかもしれない。別の研究者はメンバー同士が安心できる関係を作れたことがストレス低下の要因だと考えるかもしれない。また別の研究者は、日常を離れ、ゆっくりした時間を過ごせたことがストレス低下につながったと考えるかもしれない。実際は、どの「考察」が正しいのかはこの研究からはわからない。ただ、研究者なりにグループで起こった現象をより納得いく形で説明できる「考察」を考え、その「考察」という名の仮説を確かめるためのさらなる研究へとつなげることしかできないのである。

　このように「目的」「方法」「考察」のいずれも研究者の主観が入り込む。ゆえに、統計研究が客観的なのは「結果」のみにおいてと言える。このように多くの部分で研究者の主観が入り込むことは統計研究の価値を損なうものなのだろうか。私はそうではないと思う。事例研究にしろ、統計研究にしろ、最終的な結論を出すのは研究者自身だ。その結論が正しいかどう

139

はわからないが、多くの研究者たちが長い歳月をかけて自分の仮説を確かめていくことで、少しずつ真実に近づいていけるのだ。そのためには研究者がきちんと自分の知りたいことを持ち、仮説を立て、より多くの「結果」を説明し得る「考察」を行う必要がある。このような研究者の主観という名の想像力（創造力）があるからこそ、新しい研究を生み出せるのだと思う。

6. おわりに——統計嫌いのあなたへ

以上、統計が嫌いな4つの理由を通して言えることをまとめると次のようになる。

① **「目的」を明確にする**：何よりもまず「目的」を明確にすることが大切。「目的」は研究法や統計手法を選択する上でも、結果を考察する上でも重要な部分である。
② **研究法は「目的」に合わせて選択する**：事例研究は個別的特徴やプロセス、統計研究は一般的特徴とそれぞれ見ている部分が違うので、研究法は「目的」に合わせて選択する。
③ **「数式」「文章」「イメージ」いずれか得意なやり方で統計の「意味」を理解する**：統計を学びたい場合は「数式」「文章」「イメージ」のいずれを用いてもいいので、その「意味」を理解することが大切。計算ができなくても、統計手法の大まかなイメージを持てると自分の研究に適した方法の選択ができる。
④ **人に頼るときには研究「目的」を説明する**：研究法や統計手法の選び方がわからず人に頼る場合は、相手に自分の研究目的の説明をする必要がある。「目的」がわからなければ研究法や統計手法は選択できない。また、統計ソフトの使い方についてはデータを取った後に人に尋ねてもよいが、研究法や統計手法がわからない場合はデータを取る前に人に尋ねたほうがよい。

第7章　臨床家はどうして統計が嫌いなのか

　これらをもとに、統計が苦手なので統計が得意な人に頼りたいという人のためのフローチャートを作成した。自分がどこでつまずいているのかを確かめ、頼るタイミングや必要な情報がイメージできるようになっているので、活用してもらいたい。

　統計が嫌いな人でも統計を学びたいと思えばいろいろなやり方がある。

《統計嫌いが人を頼るためのフローチャート》

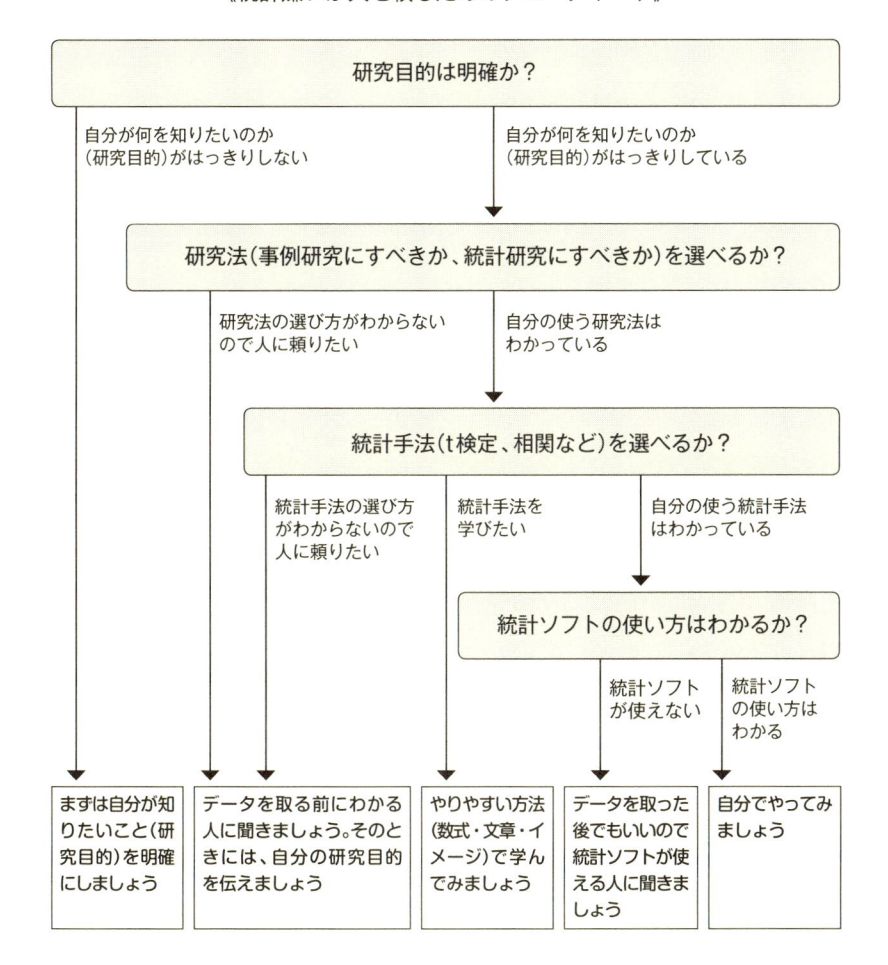

```
                    研究目的は明確か？
         ┌──────────────┴──────────────┐
  自分が何を知りたいのか          自分が何を知りたいのか
  （研究目的）がはっきりしない    （研究目的）がはっきりしている
         │                              │
         │              研究法（事例研究にすべきか、統計研究にすべきか）を選べるか？
         │              ┌──────────────┴──────────────┐
         │       研究法の選び方がわからない      自分の使う研究法は
         │       ので人に頼りたい                わかっている
         │              │                              │
         │              │              統計手法（t検定、相関など）を選べるか？
         │              │         ┌──────┬──────┴──────┐
         │              │   統計手法の選び方  統計手法を    自分の使う統計手法
         │              │   がわからないので  学びたい      はわかっている
         │              │   人に頼りたい           │              │
         │              │         │                │      統計ソフトの使い方はわかるか？
         │              │         │                │         ┌──────┴──────┐
         │              │         │                │    統計ソフト      統計ソフト
         │              │         │                │    が使えない      の使い方は
         │              │         │                │                    わかる
         ▼              ▼         ▼                ▼         ▼              ▼
   まずは自分が知  データを取る前に  やりやすい方法  データを取った  自分でやってみ
   りたいこと（研  わかる人に聞き    （数式・文章・イ  後でもいいので  ましょう
   究目的）を明確  ましょう。そのと  メージ）で学ん    統計ソフトが使
   にしましょう    きには、自分の研  でみましょう      える人に聞きま
                   究目的を伝えま                      しょう
                   しょう
```

141

第Ⅲ部　深める

統計ソフトもあるので計算式を覚える必要もない。最悪の場合、統計がわからなくても得意な人に統計手法の選択ややり方を教えてもらうこともできる。むしろ問題なのは、研究「目的」のために統計が必要なのに、統計嫌いのために統計的な手続きを無視してしまうことである。自分の知りたいことを知るためにきちんと人に頼ること、そのために自分が何につまずいているのかを理解し、必要な情報を整理して伝えることが、統計嫌いの人が統計研究とうまく付き合うコツと言えるだろう。

〈おまけ〉私が統計を好きなワケ

　さて、ここまで統計が嫌いな人がどのように統計と関わっていけばよいかについて考えてきた。私自身は統計が好きなのであるが、統計嫌いの人からすると、「どうして統計なんかが好きなのか？」という疑問があるかもしれない。そこで、おまけとして、私にとって統計がどういう意味を持っているのかについて紹介したい。本編とはまったく関係がないので、興味がない人は読み飛ばしてほしい。

　私が統計を好きな理由は、それを知っていることで研究に役立つということもあるが、臨床家としての私を維持する上で統計が大きな役割を担っているので、そのことを紹介したい。

　実は、私は統計だけではなく、物理学などの自然科学の本を読むのが好きである。それは、自然科学ははっきりとした答え、真理を示してくれるからである。私が日々身を置いている臨床の世界は、はっきり言って自然科学とは異なるパラダイムであり、あいまいで、多様で、感覚的で、客観的な事実よりも相談者の主観的な世界を重視する世界である。そのような正解や答えのない臨床の世界の中にいると、私はふと、明確な答えが出てくる自然科学の世界に浸りたくなるときがある。あいまいな世界にとどまりすぎて自分自身が揺らいでしまうときや、モヤッとした感覚に食傷気味になったときに、論理的に考え、明確な答えや結論が出て、なるほどと頭で納得できる体験を求めて、自然科学の本を読むのである。

そう考えると、私にとっての統計は臨床の世界のあいまいさに対する毒消しとしての意味を持っており、あいまいな臨床の世界で揺らいでしまう私に客観的で確かな感覚を呼び戻してくれるバランサーとしての役割を担っているようである。私が臨床家であり続けるためには、臨床とは正反対の性質を持つ統計や自然科学の確かな世界を味わうことが、たまには必要になるのだと思う。

　統計が好きな人、嫌いな人、それぞれの統計への関わり方があり、それらの関わり方のどれが正しいということはないだろう。「自分の知りたいことを知るために」であったり、「あいまいな世界とのバランスを取るために」であったり、はたまた「卒業論文や修士論文などの与えられた課題をこなすために」など、それぞれの人が自分にとって役に立つ統計への関わり方を見つけていくのがいいのではないかと思う。

　最後に、私がまとめた統計および研究法の論文と私が統計を学ぶ上で参考にしてきた著書を紹介する。特に、私の論文の中の2つ目と3つ目の論文は、それぞれ統計研究と質的研究を行うときにどのような方法を用いればよいかをフローチャートで調べることができるようになっている。研究手法や統計手法の選択に迷ったときに参考にしてもらえればと思う。

〔引用文献〕

Rogers, C.R. (1961). *On Becoming a Person*. Boston: Houghton Mifflin.

〔筆者が執筆した統計および研究法の論文〕

白井祐浩（2006）．最近統計ニツイテ少シ考エタ事――どうして臨床心理学専攻者は統計が苦手なのかについての一考察　心理臨床研究, 2, 23-26.

白井祐浩（2009）．統計分析選択の視点と分類に関する試論――複数変数分析法マップ・多変量解析法マップの作成　九州産業大学大学院臨床心理センター臨床心理学論集,

第Ⅲ部　深める

4, 103-111.
白井祐浩（2011）．質的データ収集法マップおよび質的研究法分析法マップ作成の試み――質的研究法の選び方　九州産業大学大学院臨床心理センター臨床心理学論集, 6, 19-26.

参考文献

朝野熙彦（1996）．入門多変量解析の実際　講談社サイエンティフィク
Findlay, B. (1993). *How to Write a Psychology Laboratory Report*. New York: Prentice Hall.（フィンドレイ, B. 細江達郎・細越久美子（訳）（1996）．心理学実験・研究レポートの書き方――学生のための初歩から卒論まで　北大路書房）
南風原朝和・市川伸一・下山晴彦（編）（2001）．心理学研究法入門――調査・実験から実践まで　東京大学出版会
古谷野亘（1988）．数学が苦手な人のための多変量解析ガイド――調査データのまとめかた　川島書店
宮川公男（1977）．基本統計学　有斐閣
森敏昭・吉田寿夫（編著）（1990）．心理学のためのデータ解析テクニカルブック　北大路書房
村瀬洋一・高田洋・廣瀬毅士（編）（2007）．SPSSによる多変量解析　オーム社
武藤眞介（1995）．統計解析ハンドブック　朝倉書店
Rowntree, D. (1981). *Statistics Without Tears: A Primer for Non-Mathematicians*. Harmondsworth: Penguin.（ロウントリー, D. 加納悟（訳）（1991）．新・涙なしの統計学　新世社）
田中敏・山際勇一郎（1992）．新訂ユーザーのための教育・心理統計と実験計画法――方法の理解から論文の書き方まで　教育出版
利島保・生和秀敏（編著）（1993）．心理学のための実験マニュアル――入門から基礎・発展へ　北大路書房
涌井良幸・涌井貞美（2001）．図解でわかる多変量解析　日本実業出版社
山際勇一郎・田中敏（1997）．ユーザーのための心理データの多変量解析法――方法の理解から論文の書き方まで　教育出版
吉田寿夫（1998）．本当にわかりやすいすごく大切なことが書いてあるごく初歩の統計の本　北大路書房

第Ⅳ部
発信する

第8章
臨床と研究の本質を論文化するプロセス
研究テーマの構築

小林純子

1. はじめに

　本章では、臨床と研究の本質を論文化するプロセスに関して、私の経験や体験から述べる。

　論文のテーマを決める過程には、その研究を進める者の数だけのプロセスがある、と言えよう。私は、カウンセラーとして心理臨床活動に携わって約12年が経過する。これまで主に、学生相談、精神科クリニック、児童養護施設、スクールカウンセラー等の臨床現場で過ごし、現在も、日々の臨床の中で新しい発見や戸惑いを感じながら模索が続いている。しかし、その中でも自分のカウンセラーとしての成長への段階のような心象も感じている。これは「うまくカウンセリングができるようになった」等のものではなく、おそらく雲をつかむような漠然としたものであるが、現場での様々な出来事に向き合い、また、クライエントに向き合ったときに確かに感じる実感である。これは、多くの先生方の指導や助言を受け、さらに、仲間や同僚に支えられた中で得たということは間違いない。そして、私にとっては、カウンセラーとしての成長段階に沿って「研究を行う」という行為が常に隣り合わせに存在する。

　本書は、臨床心理学を仕事にすることを目指して学んでいる学部学生や大学院生に対して、それぞれの臨床や研究の場で直面する"壁"との向き

合い方を伝えようとすることを趣旨にしている。心理臨床を仕事にしようとする者にとって、学部は臨床心理学の世界の入り口にあたり、大学院はその世界へ一歩を踏み出したとも言える。その中で、卒業論文や修士論文のテーマがまとまるまでのプロセスには、おそらく苦慮とも言える苦しい時間を過ごす。そして、学部や大学院時代に選択した研究テーマは、学生自身が人生のその時期に抱えているテーマに、何らかの接点がある。その論文を書き進める中で、論文の出来具合はどうあれ、物事の本質的な部分をより見ようとすればするほど、その論文作成過程は、その人自身の成長過程に沿うように、拡散と収斂のプロセスをめぐり、完成に近づく。締め切りとともに得た完成論文は、人によって宝にもなるであろうし、逆に未熟さゆえに二度と見たくないたぐいのものにもなるかもしれない。論文精度の高さはもちろん重要であるが、その先にある臨床家や研究者としての長い道程においては、その時点での自分自身の課題に一応の決着をつけること、そのことがより重要であるように思われる。

　本章では、私の学部、大学院、さらに心理臨床を仕事にしている現在という3つの時期について、心理臨床との関わりの中で研究テーマを探り、論文化していったプロセスを述べていく。加えて、臨床における大切なものを論文にしていく基本的な心得などを示しておきたい。

2．本質を探ろうとするプロセス
（1）学部学生の頃——我とは何かを問う

　私は、東海地方の穏やかな気候の中で生まれ育った。高校卒業後、関東にある女子大学に進学した。高校時代、哲学科か心理学科に進学したいと考え、できることならばカウンセラーという職業に就きたい、と漠然と考えることもあった。しかし、それは単なる思いつきであった。その漠然とした希望を高校の担任の先生に伝えたところ、「カウンセラーでは食べていけない」とはっきり言われたことを覚えている。スクールカウンセラーなどという言葉がまだ珍しかったその当時は、間違っていない返答であっ

第8章 臨床と研究の本質を論文化するプロセス

たと思う。

中学から高校、大学にかけて、私は多くの本を読んだ。大学の学部生の頃、一人暮らしで食べるものを買うお金がなくても、本が欲しかった。おそらく、本の中で出会う言葉や、行間から発せられていた雰囲気によって私は支えられていた。当時の私は、家族のこと、自分のこと、人の心や身体のことなど「なぜ自分は生まれ、生きていくのか」という答えの出ない問いを昏々と考えていた。その問いは、19～20歳であった私には少々荷が重かった。私が進学した大学は、穏やかな雰囲気の学風で、地方から進学した私にも居心地がよく、また、気立てのいい友人たちと思慮深い先生方に恵まれた。友人たちは、明らかに悶々としている私に付かず離れず接してくれた。今思うと、非常にありがたい友人たちであった。

私は、学部3年生のときに、長年にわたりカウンセリングやエンカウンター・グループについて研究されてきたロジャーズ学派の先生のゼミナールに入った。そのゼミナールに入ったきっかけは、カウンセリングに関する講座を受講したことがきっかけであった。その当時、まさに私は臨床心理学の入り口に立っていた。よくわからないなりに、カウンセリングの世界に強く惹きつけられた。私が抱えている葛藤の何らかの答えの片鱗が、見つかるのではないかと感じたのであろう。

私は、学部の掲示板に掲示されている様々な心理臨床のワークショップに生活費を削って参加した。ユング派のワークショップ、論理療法の研修会、エンカウンター・グループなどであるが、大学3年生の私にとって、エンカウンター・グループとの出会いは強烈であった。エンカウンター・グループとは、通常、数人から10人程度の参加者とファシリテーター（促進者）によって構成され、それぞれの人が自分なりの生き方や人間関係を探求していくために、時間と場所を共に過ごす非構成型グループである。そのグループ体験は、痛みを伴うものでもあったが、一方、そこで感じられるものは、まさにそれぞれの人の人生のプロセスであり、私自身の人生もグループの中で展開されるような感覚を得た。苦い思いを持ちながら

第Ⅳ部　発信する

も、年に何度か各地で開催されるエンカウンター・グループに、遠方から参加した。

　ゼミの先生は、いつもエンカウンター・グループで体験し揺れて帰ってきた私の話を、研究室でゆっくり聴いてくださった。そして、必要なときには静かに何らかの示唆をくださった。そして、私は先生の授業で、ロジャーズ（Carl R. Rogers）という人物に出会った。大学の図書館で、『ロジャーズ全集』第12巻の「人間論」（Rogers, 1961/1967）を読んだ。衝撃を受けた。ロジャーズは、人は肯定的に変化する生き物であるということを正面から伝えていた。「ああ、世界には本気でこんなことを考えている人がいるのか！」と思った。ロジャーズ（Rogers, 1961/1967）の「人間は、基本的にポジティブな方向へ進んでいく」という言葉は、私の目の前を明るくさせた。その編訳者が、私が大学院で師事することになる指導教員であった。その日、夢中になって大学の図書館でこの「人間論」を読んだことを覚えている。世の中には「論文」という学術的読み物があることを知った。こんなにおもしろい読み物があったのか！という思いで、また、ちょっとした誇らしさも混じえた気持ちで、その後、論文を検索し探し、読むということを覚えた。

　さらに、院生の先輩に誘われて参加したワークショップで、フォーカシングに出会った。フォーカシングとは、まだ言葉にならないような、体で感じられる微妙な感覚に注意を向け、そこから言葉を出していく技法であり、カウンセリングで心が変化していく瞬間に起こる現象をジェンドリン（Eugene T. Gendlin）が理論化し技法化したものである。フォーカシングは、私がそれまで言葉にできなかったものをそのまま感じ、表現することを認め、その術を与えてくれた。これは、私の生き方の根底に響くものであり、現在もその共鳴は続いている。学部3年から大学卒業後まで、私はフォーカサー（フォーカシングを行う人）としてフォーカシングをひたすら体験し、それを記録していった。ここ（本章）は、私のフォーカシングの体験内容を語る場ではないので省略するが、端的に述べると、フォーカシングを体

第8章 臨床と研究の本質を論文化するプロセス

験し始めた当初、私のフォーカシング・プロセスは、フェルトセンスとイメージが走り抜けて、体験そのものが自分の生きてきた道のりを振り返ることをもたらした。毎回のセッションでそれをたどり、自分自身のフォーカシング・プロセスについていくことに必死であった。

　学部4年時、卒業論文を書く段となり、私は戸惑った。就職など先行きが決まっておらず、漠然と大学院進学も考えてはいた。しかし、その進学は、カウンセラーへの道に入ることになるということよりも、とにかくまだこのカウンセリングの勉強を続けたいという思いが強かった。郷里に帰るという選択肢はなく、すべてが宙ぶらりんであった。

　ゼミの先生は、卒業論文のテーマを決めるときに、「気になる言葉（キーワード）をいくつか挙げていきなさい」と指摘していたのを想い起こす。私は、それまでに読んだ論文で見かけた「自己探求」という言葉が忘れられなかった。私が大学で行ってきたことは、まぎれもなく「我とは何か」を問う自己探求であった。自分の自己探求の過程を卒業論文にする、ということが頭に思い浮かんだが、学部生の私にも、それは卒業論文には値しないであろうと思われた。それと同時に、苦しい作業になってしまうだろうと思った。

　しかし、ゼミの先生に相談したところ、「うん、それをやってみたら」とすぐに静かに背中を押してくださった。一人暮らしのアパートで、今まで参加したエンカウンター・グループとフォーカシング・ワークショップで自分が体験したことを記録し残しておいたメモやフォーカサー体験の録音記録をひっくり返し出してみた。材料はあると思った。そして、その後は必死であった。幾多の試行錯誤を繰り返しながら、最終的に卒業論文のテーマを「体験を通した『自己』探究へのアプローチ──フォーカシング体験などをもとに」と決めた。

　この卒業論文の内容は、今振り返ってみると、顔から火が出るような代物である。しかし、その作業過程は、気恥ずかしいほど本気で自己と向き合い、その当時の私が持っていたすべての力で、関連論文をあさり、自己

151

の体験プロセスを見つめることに費やした。その過程は苦しかった。このような過程には、私を見守り、おそらく私の人間としての成長が自らなされるよう願ってくださっていたゼミの先生との関係があり、支援があった。そのような抱えられた状態であったからこそ、このテーマが生まれ、卒業論文を書けたと感じている。

(2) 大学院修士課程の頃——自己の感覚を客観視する

　私は、大学卒業後、1年間のブランクが開いた後に本州最西端の町にある大学院の臨床心理学専攻に進学した。『ロージァズ全集』の編訳者であった先生のもとで学ぶことを望み、西へ向かった。学部生時代、私が手に取る本、手に取る本にその先生の名前があった。その先生は、パーソン・センタード・アプローチやエンカウンター・グループ、フォーカシングの第一の研究者であり実践者であった。「この先生に会ってみたい」と思い、大学卒業後、その先生が主宰されたエンカウンター・グループに参加したことが直接の出会いであった。そのグループで、私は自分のことや卒業論文のことを話した。先生は「やりきったんですね」と言ってくださった。そのときは、まさか先生のもとで学ぶことになるとは思っていなかった。
　私が進学した大学院は、当時、経営面の問題を抱えていたようであった。そこに在籍している大学院生はみな、大学に頼るということは念頭になく精神的に自立していた。その頃、その大学院には最高の教授陣がそろい、授業も当然であるが、その臨床家や研究者としてのたたずまいを身近で感じることができる環境が素晴らしく刺激的であった。その中で、臆せず本気で遊び、真摯に学んでいる院生たちが集まっていた。入学した当初、私は、見知らぬ土地で、知り合いもいなかった。
　当時、私はフォーカシングと向き合い続けていた。卒業論文でフォーカシングを取り扱った後も、引き続き関東でのフォーカシングのワークショップに参加し続け、そこで出会った先生方や仲間に大きなサポートをもらった。しかし、大学院に進学した後、フォーカシングと付き合ってい

第8章 臨床と研究の本質を論文化するプロセス

くことが疎ましくなっていた。大学院への入学願書の研究計画には、「心身相関とアレキシサイミアに関する研究を行う」と記述してある。大学院入試の面接時に、その先生から「何で僕のところに来たの?」と問われ、私は「エンカウンター・グループで先生に出会い、どうしても先生のもとで学びたいと思いました」と答えた。先生は神妙な顔をされ、「う～ん、このテーマは、僕は指導できないんだけどなあ～」とおっしゃったが、隣にいたもう一人の面接教員が「このテーマ、おもしろいじゃない!」と言ってくださったのを覚えている。私は、その入学試験の帰り道、「こりゃ落ちたな、けど先生にまたお会いできたから、まあいいか」と思い、帰途についた。その後、合格通知が届き、驚きとともにすぐにその本州最西端の町に向かう決心をした。

　おそらく、当時の私の関心は、心と体のつながりという現象にあった。それを表す言葉は、「心身相関」が最も近いように思われ、それに惹かれたのだと思う。フォーカシングを扱うことは、少々しんどくなった。指導教員となった先生に、入学当初「私はフォーカシングはしない」などと言っていた。おそらく、それは自分のフォーカシング・プロセスと距離が取れていなかったことにあり、また、卒業論文をまとめたものの、その一つずつの体験を芯から消化することに時間が必要であったからのようであった。指導教員は、そういう私を受け入れ、おもしろがりながらも見守ってくださっていたように思う。

　指導教員は入学直後からゼミで、「あなたは何をやりたいのか」を常に問うた。何をやりたいのか、大学院に入りたてのわれわれの中には、研究への片鱗をすでにつかんでいる者もいれば、まったくその影も見えない者もいた。私は、研究テーマなど何をしたいのかがまったく見えていなかった。研究計画書に書いたことはベースにはあったが、場しのぎで生み出したようなテーマでもあり、私は一から足元を見直す必要があった。

　われわれ院生は、しばしば自主ゼミを開いた。所属ゼミに関係なく、同期の仲間や、時に先輩、後輩も参加していた。おもしろかった。もちろん、

第Ⅳ部　発信する

指導教員は参加しない。今考えているそれぞれの手持ちの考えや研究していこうとしている内容を筋など通っていなくても言葉にして話し合い、時に議論した。そこでは、お互いの視点の違いや、物の見方の違いが際立った。さらに、よく遊んだ。今思うとお互いの勉強不足からでもあるが、その遊びの延長で、精神分析と人間性心理学の違いについて議論した挙句、本気の喧嘩となり、その後仲直りをした。

　私は当時、フォーカシングの創始者であるジェンドリンの論文や著書に惹きつけられていた。「人格変化の一理論」(Gendlin, 1964/1966) に述べられている、人が本質的に変化していく過程が明示された論旨に心を奪われた。哲学者でもあるジェンドリンの著作は難解であった。よくわからない箇所について先輩の意見をもらい、また、心の中でジェンドリンに議論をふっかけたりしていた。そして、それまであまり体験してこなかったフォーカシング・リスナー（フォーカシングの聴き手）を行うことを始めた。同期の友人たちに声をかけ、フォーカサーを募った。私の動きを見ていた指導教員は「仲間を一本釣りで誘え」と教えてくださった。多くの仲間が私のフォーカシング・セッションに付き合ってくれた。私は、仲間とのフォーカシング体験を共にすることによって、他者のフォーカシング・プロセスを肌で感じ理解するあり方を学び、自分の体験を客観的に把握する感覚を学んだ。

　大学院修士課程1年の後半から、精神科クリニックに実習生という形で携わり始めた。その半年後には、総合病院の精神科で非常勤心理相談員の仕事に携わった。臨床現場は、まったくの初心者であった私に、毎回多くの刺激と戸惑いを与えた。上司である精神科医や先輩カウンセラーたちは、みな誠実に自分の仕事と向き合っていた。忙しい間を縫って、臨床のエッセンスを初心者である私に時間を割いて教えようとしてくださった。個々のクライエントと接することは、毎回が勉強であった。私が今お話を聞かせていただいてよいのだろうか、私にカウンセラーという職業が本当にできるのだろうかという葛藤がつきまとった。

第8章　臨床と研究の本質を論文化するプロセス

　大学院でのゼミや修士論文中間発表では、そのときの途中経過を発表し続けた。指導教員は、その状況報告を受け入れてくださった。常にあなたがやりたいことは何かを問い、方法論は問わなかった。「やりたいことが定まったら、方法論は後で付いてくる」と常々おっしゃっていた。そして、本当にダメになりそうなとき、私が何も言わなくともそっと一言声をかけ、ヒントをくださった。それは、時にメモであり、メールでもあった。自分のやりたいことを研究テーマにできるという環境は、一見、楽に見えるかもしれない。しかし、その本当にやりたいことは周りの誰もわからず、指導教員もヒントは伝えられるが答えは出せず、自分自身でしか着地点を見つけることができない作業である。孤独な作業であり、どのようなプロセスを経ても、その根底にある自分自身について探索する時間となる。自分がやりたいことを探索する過程は、苦しい。この探索の苦しみに十分向き合うことを守り、抱えてくださったのは、まぎれもなく指導教員であろう。学生の研究に必要以上に手を出さず、本当に必要なときには必要なタイミングで手を差し伸べる。何か成長の芽が少し芽生えたとき、それを見逃さず見つけ応援し、その芽が押しつぶされないように育てる、その教育の中で、われわれは自分の個性のありようを磨いた。

　当時は、大学内で論文が容易に手に入らない状況にあった。手に入れた論文は、とても貴重に思えた。近辺の大学に論文を探しに行き、学会などで上京すれば、国会図書館へ論文を入手しに行った。そうしながらも、どうしても研究テーマが定まらなかった。当時、私の指導教員は、研究室を院生に開放していた。院生にとってその研究室は、一人になりこもるためにはぴったりの場所であった。私はそこを好んで利用した。指導教員の息吹を感じながら、自分の考えをめぐらせることができる空間は居心地がよく、私は夜遅くまでその研究室に残り、フォーカシング・セッションの逐語記録を起こし、文献にあたり、ぼんやりとする時間を過ごしていた。

　フォーカシング・リスナーを行いながら、セッションのプロセスの振り返りを行う中で、「体験との距離」というキーワードが心に生まれてきた。

155

フォーカシングのプロセスを体験し受け入れていく過程には、体験との距離感を適切に保つことが重要な鍵なのではないかと改めて考えた。そのプロセスを促すためには、リスナーとしてどのような工夫が必要か、その工夫や方法を表すぴったりな言葉は何かを考えるようになった。思いついた言葉をメモに残し、しかしぴったりせず、繰り返した。修士論文のテーマの締め切りが目の前に迫ったギリギリの夜、自宅で「問題との距離感覚」という言葉が私の中から、ふと湧いて出てきた。それは、その当時の私の感覚にぴったりするものであった。「問題との距離感覚」がフォーカシング・プロセスでどのように働き、それを促すためにはどのような工夫が必要で、どのような臨床上の意義があるのかを検討すること、それが今の私自身がやりたいことである、と着地点を見つけた気がした。そして、修士論文の論題を「フォーカシングにおける『問題との距離感覚』の効用とその意義について――5事例による考察」とした。指導教員は、良いテーマだと言ってくださった。

　おそらく臨床心理学を学んでいる大学院生にとって、修士論文のテーマは、その時期の自分自身の抱えている課題と近い意味合いを含むことが多いと考えられる。そのテーマは、カウンセラーとして出発する入り口に立とうとしている者たちにとって、通過儀礼のようなものとも思われる。もちろん論文としての構成や、その研究が社会にとって役に立つのかどうかという観点は必要である。院生時代の論文は、その「論文」という形式を借りながら、本当に自分のしたいことは何かを正面から問い、それを今持つ力でとにかく形にすることが重要である。それらを書き切ったものは、たとえベテラン研究者から見れば論文として価値が低いものであっても、その学生自身には、人生の中で得難いものを得たことになるであろう。

（3）臨床現場にて――臨床の本質を探ろうとする過程

　私は現在、ある私立大学の学生相談室に勤務し、臨床に浸かる日々を送っている（2014年10月現在）。臨床現場である大学を駆けずり回る日々で

第8章　臨床と研究の本質を論文化するプロセス

ある。現場で学んだことやクライエントから教えていただいたことが、骨身にしみわたる時間を過ごしている。その中で、論文を書くということは、大げさに言うと苦行である。論文を書くということは、臨床のある側面を切り取ることが求められる。瞬間ごとに流れるように動いている臨床現場の中に居ながら、ある側面を切り取るということは、たくさんのエネルギーが必要になる。その場合、カウンセリングを行うときなどとは違う、別の論理的思考のベクトルが必要になる。日々の臨床量が多い状態でこの作業を行うことは、膨大なエネルギーが消費され、臨床と論文作成を同時並行で行うことに無理が生じ、疲弊することがしばしば起こる。このことは、現場で臨床を行っているカウンセラーが、本人は論文を書きたいという気持ちを持ちながらもそれを形にし、業績として残していくことが難しい理由の一つであろう。そして、私個人も、ある臨床現場にどっぷりと浸かっているときは、その臨床事象に関して研究論文としてまとめることが容易にできないことが多い。自分の中で次々にその臨床での見方が生まれては消え、また生れるため、それをまとめ一つの形に収束することが難しいのである。さらに言えば、ある臨床テーマと取り組むべき「その時」がこないと、書けない。特に、事例論文の作成には、その差し迫ったタイミングが私には必要である。そして、いざ書くときは、そのクライエントやその臨床現場と向き合う、長い時間を過ごすことになる。

　私が初めて事例研究を投稿論文にまとめたいと思ったきっかけは、大学院博士後期課程の3年間を、ある児童養護施設で非常勤心理療法士として勤務し、入所していた子どもたちと共に過ごしたことにあった。プレイセラピーで子どもと共にたどった過程は、カウンセラーとしての技術も経験も未熟な私が、人が変化し成長していくプロセスに寄り添っていくためには、今の自分が持っているものすべてで精いっぱい勝負するしかない、そして学び続けるよりほかないことを思い知らされた時間であった。児童養護施設では、小手先のカウンセリング技術は本質的に通用しなかった。子どもは、カウンセラーの未熟さも恐れも見抜き、一心に愛を求める。どこ

まで自分を受け入れる気があるのか、常にそれを言葉以前のもので問われていた。また、自分に愛を与えるほどの力量がある人間かどうかも、本能的に見極め、人によって反応を変えた。それが、子どもたちの強い生きる力でもあった。私は、週1回のプレイセラピーの無力さを知った。その一方で、週1回のプレイセラピーが子どもの心の中でどのような大切な意味を持ち、どのような効果が得られるのかも知るようになった。人が変化していくプロセスに寄り添うことはどのようなことか、そのありようの基本を学び、自分のカウンセリングの土台を築く時間でもあった。また、その一方で、プレイセラピーを共にしている子どもの成長とともに、自分の子供時代をやり直しているような感覚を持つ時間であった。

　児童養護施設を退職後、ある精神科クリニックの常勤臨床心理士として勤務した。私は、それまでの臨床現場では幼児期や思春期の子どもたちと関わることが多く、今までの心理臨床と精神科臨床との違いに戸惑った。その戸惑いはどこからきているのか、と自分自身で考えたとき、明確にわかったことは、その戸惑いの根っこには「カウンセリングでは言葉を用いる」という極めて当然のことであることに気がついた。もちろん、精神科臨床を行うためには、病理を学び、心理検査を学び、薬を学び、さらに、病理性の深いクライエントとの向き合い方を学び直す必要がある。当然のことである。しかし、それでは説明できない自分の感覚の中の転換が起こった。それは「非言語と言語」「臨床感覚の変化」という2つのキーワードに集約された。

　私は、自分がそれまで経験してきた臨床が、いかに非言語の部分でクライエントとつながり向き合ってきたかに気がついた。子どもへの心理臨床を中心に行ってきたこともあって、言葉以前に相手から伝わってくる感覚に焦点を合わせてカウンセリングの時間を主に過ごし、その後に言葉が付け足されていた。しかし、精神科臨床でのカウンセリングは、まず言語量が違った。クライエントから発せられる言葉の量も、自分が発する言葉の量も断然増えた。この状況にまず慣れることや、感覚を切り替えることが

第 8 章　臨床と研究の本質を論文化するプロセス

必要であった。非言語面接から言語面接への移行は、徐々に自然と私の中で起こった。移行というよりも、非言語の感覚と言語の感覚の2つが自然に重なったというほうが正解かもしれない。精神科臨床に入って半年くらい経ったある時点で、言語の部分と言語以外の部分は、決して別々のものではなく、同時に発生しているということにふと思い当たった。目の前のクライエントについて、瞬間的にどの部分に注目するか、どのように全体を捉えるのかの違いであると気づいた。私は、意図していても意図していなくても、クライエント自身の感覚に注意を向けてカウンセリングを行う傾向にある。だからこそ、私の言葉の使い方が非常に重要になる、ということを学んだ。カウンセラーの言葉が、安心もさせ、不安にもさせる。クライエントは苦しい状況や重い病状であればあるほど、カウンセラーの言葉がその場をやり過ごすものか本心から出たものかを直感的に判断し理解する（小林，2009）。カウンセリング面接で、私が腹を据えることが必要であった。

　これまでの自分のプロセスを理解するにつれて、漠然と児童養護施設でのプレイセラピーを自分の中で振り返る時間が増えた。そして、私のスーパーヴァイザーと話し合った。スーパーヴァイザーは、精神療法や治療面接におけるエキスパートであり、私の臨床の師である。あのプレイセラピーの中で何が起こっていたのか、自分の臨床の感覚にある「非言語性」の意味合いについて考え、言語化する必要があるように感じた。しかし、それはとても難しい作業であった。とにかく日々の臨床に追われていた。臨床に追われながらも、研究論文に向かうエネルギーを生み出すことは、苦行であった。しかし、その当時の私には、あのプレイセラピーを丁寧に振り返ること、さらに、プレイセラピーにどのような臨床的意義があったのかを一つずつ言語化することが、精神科臨床の現場を適切に歩むために必要であった。しかし、事例研究を行うためには、漠然とした事例の流れを述べるのみではケースの本質は見えず、どの側面が大切であるのかを切り取る作業が求められた。スーパーヴァイザーは、「このケースであなた

第Ⅳ部　発信する

が大切にしたことは何か」を問うた。私自身が大切にしたことの中に、臨床の意義があるという示唆を得た。そして、そのクライエントが体験していた事柄のプロセスの本質をなるべく丁寧に表現するために、私自身の明白な視点が必要となった。このケースで、クライエントとカウンセラーが共に体験した核になることは、「今ここでつながること」であった。さらに、そのプレイセラピーの中心テーマは、「クライエントが今まさに体験している過去の苦しいイメージや感覚と、どのように安全に付き合っていくか」であることに気がついた。この部分を中心に論文を書き進めることとなった。そして、数え切れない言葉の入れ替えを繰り返し、論文テーマは「虐待を受けた子どもとの3年間のプレイセラピーによる心理的変化過程──『過去の体験イメージの余波』をめぐる、今ここでの繋がりの重要性」へと決まった。

　この論文は、児童養護施設長と、プレイセラピーで共に過ごした子ども自身から、事例の発表の了承を得て、数年後研究論文として学術雑誌「人間性心理学研究」に採択された。採択までの過程では、構成上の修正を繰り返す作業が行われた。私は、クライエントにこの論文を絵本用に作り直し、プレゼントした。

　この論文作成の作業を終えた後、しばらくして、私は、精神科での臨床活動全体がスムーズに運びやすくなったことに気がついた。特に、個別カウンセリングの中で変化が感じ取れた。おそらく、自分の中の臨床的感覚が、この論文を書く作業を通して研ぎ澄まされ、明確になったことが多く関係していると思われた。そして、この過程でのスーパーヴァイザーによるスーパーヴィジョンが、私への大きなサポートになっていた、ということが根底にある。ケースや論文作成における示唆はもちろんであるが、カウンセラーである私自身が10年後にどのような心理臨床家になっていたら望ましいかを指し示す助言を与え、時に叱り飛ばし、私の能力を徹底的に受け入れた。その道を歩む力と判断能力を育てていただいた。これは、現在もなお進行形であり、心理臨床の本質とは何かを、生き様とありよう

そのものによって私に教えようとしており、その学びは続いている。

3. 大切なものを論文化する基本的心得

　本節では、臨床と研究のテーマを選び、そして論文化するにあたり、どのような点が大切か、特に学部生や大学院生に向けた基本的心得を述べていく。「経験にまさる知識なし」という言葉があるが、これらの心得は、私が体験から得て生まれたものである。学部生や大学院生が論文に初めて向き合い、その壁と向き合ったときに、以下のことを心に留めながら自分のテーマを追い求めていくと、何らかの役に立つかもしれないという淡い期待を込めて述べる。

(1) 抱えられながら書く

　論文は、最初から最後まで一人で書くことは、とても難しい。私の周囲で接する臨床家や研究者たちは、しばしば「今自分はこういうことを考えているが、どう思うか」などと自分の今の考えを語り、仲間と共有している。これは、仲間内の飲み会や学会などの場であったりもするが、その論文のエッセンスや途中経過を何気なく話している。特に、心理臨床に関する論文を書く場合には、その臨床の中にカウンセラーとして入り込んでいたものを論述することが多く、どの側面を取り上げるのか、その考えがどこまで普遍化に値するのかなど、見えなくなることが多い。津川・遠藤 (2004) は、仲間とディスカッションする利点について、「自分の問題意識に臨床的価値があるのかどうか見当をつけること」にあり、「日頃、クライエントに真剣に向き合っているカウンセラー仲間が、自分の問題意識に大いに関心をもってくれるならば、それは研究として物になると予想できる。逆に仲間の反応が今一つならば、その問題意識は公共性がないのだと見当がつく」と述べている。自分の考えを話してみて、その反応などを得ることによって、研究テーマを絞ることがより可能になる。

　私は、卒業論文や修士論文を書いたときに、指導教員に抱えられ、研究

室の場それ自体に抱えられていた。何が自分のテーマなのかを見つけるときまで、周囲の雑音から守ってもらえた。さらに、書き進めるにあたって、時に心が揺れたとしても、それも論文の壁を乗り越えるためのプロセスの一つとして、あるがままに受け入れてもらったように感じている。その輪は、指導教員だけではなく、先輩や同期の仲間、あるいは後輩にも同様の空気があった。

　私自身も論点をまとめようとして揺れている仲間の姿を、当然のこととして受け入れてきた。論文を一人きりで長く抱え込み、その行き詰まった点を自分の努力のみによって解決しようとしないことが重要である。論文で困ったとき、教員に相談し、友人や先輩に話してみることで、行き詰まっている論点がはっきりすることもあるであろう。そして、何らかの示唆が得られると思われる。抱えられながら書くということは、指導教員の思考の枠の中だけで論述することではない。指導教員や仲間たちの袂にいながら、自分なりの論点を明確にしていくことである。

　人は自分の得意分野で生きていくのであり、その得意分野がはっきりするまでは、大なり小なり揺れる。卒業論文や修士論文は、安心して揺れることができる環境があることが、むしろ根底での支えになる。揺れている時期に、指導教員や研究室や、友人や先輩に「抱えられること」を体験することが、自分なりの研究テーマを見つけることに近づく一歩かもしれない。

(2) 抱えられているようで、抱えられていない状態をつくる

　一見、抱えられているようで、その中心にいる自分は完全に抱えられているわけではなく、気がつけば自分の足でそこを出て歩み始めていることがある。それは、当初本人は気がつかない場合が多い。論文を作成する過程には、必ず数々の指摘や批判を受ける。それらは、論文のあいまいな側面を把握し、より精度の高い論文にするためには必要な事態である。したがって、それらの指摘を必要以上に恐れる必要はない。卒業論文や修士論

文の作成では、指摘を受けた中から、自分が消化できる部分を論文に還元していくことが重要ではないかと思う。伝えられた内容のすべてを鵜呑みにするのでなく、一度眺めるように並べて整理し、その意味を理解できた部分から素直に論文に反映させていくことが望まれる。

　論文を作成していくプロセスで、抱えられながらも、自分の足で歩み始めることを体験する。指導教員に抱えられているようで完全に抱えられているのではなく、自分独自の見方や考え方を保持し、「抱えられた状態」と「自分の本質の部分」を行き来しながら、双方の体験を大切にしていくことが、自分なりの視点を磨くことにつながると思われる。

(3) 論文の苦慮性を味わう

　研究テーマを構築するプロセスは、時に苦しい。これは、論文を作成するときに多くの人が感じるある種の共通した苦慮性とも言え、産みの苦しみとも言える。多くの場合、この苦慮性は避けては通れない。ある時期そこにとどまり、そして思慮を深めることが、研究テーマをまとめるには必要である。この苦慮の時間を味わうことによって、自分なりの言葉が磨かれ、研究テーマなどが磨かれていくのであろう。

　私自身は、この苦慮性の中で、立ち止まったり進んだりしながら研究テーマを固め、書き進めてきた。この苦慮性には、ただ苦しいだけではなく、発想を研ぎ澄ますエネルギーが含まれている。苦しみの中に立ち止まる勇気を持つことと、そして、一時その状態を味わってみることが、新しい事態や状況を生み出すきっかけになるかもしれない。

(4) 生きている中での工夫、それがあなたの研究テーマ

　研究テーマを絞る過程には、様々なことが想定される。臨床心理学を将来の仕事につなげていきたいと思う学生にとっては、卒業論文や修士論文を書くことが必須の通過儀礼となる場合が多い。心理臨床の研究のテーマは、どこにあるのか。それは、あなたが今、この人生で体験している出来

事の中にあると言えよう。本を読み、論文を読み、講義に出て、さらに自分が興味を持つ何らかの臨床現場に参加している中かもしれない。また、自分が生きている過程で、疑問に思うことや気になることなどがあるであろう。そのような中に、テーマ選定のヒントはある。

　われわれは、生きていく上で、必ず自分なりの工夫を行っている。その工夫は、注目しない限り、浮かび上がってこない。カウンセリングを行うとき、クライエントが生きていく上でのその人なりに行っている人生の工夫をカウンセラーが取り上げ話し合うことは、クライエントの生きる力を育むために有効である。そして、これは論文を書くという作業に向き合うわれわれ自身にとっても生かされる。人生の中での生きるための工夫や、心理臨床で行ってきた工夫の中に、あなたの研究テーマの芽がある。

(5) 提出期限と論文の着地点

　提出期限には、驚くほどの威力がある。かく言うこの原稿も、提出期限があるからこそ書き進めている次第である。提出期限は、論文の納め時とあきらめ時をはっきりと教えてくれる。それは、時に容赦がない。しかし、それがあるからこそ完成まで書き進めることができる。

　論文の中心テーマをどこに持ってくるかを考えるとき、初めから核心にたどり着ける研究者はほとんどいないであろう。心理臨床の研究で、確定した研究テーマが先に明確にある論文は少なく、第1章、第2章などのうち書けるところから書き進み、削り、また修正して、その中で、この論文を端的に表している研究テーマの言葉使いや表現の仕方を研ぎ澄まして、決定していくのである。

　卒業論文や修士論文は特に、提出期限を常に心に留めて書く論文である。論文の納まりどころが見えないまま書き進み、不安になることもあるかもしれない。しかし、その着地点は、提出期限に向けて紆余曲折しながら少しずつ書き進めることによって見つけることができる。提出期限と論文の納まりどころは、セットになっていると考えられる。

(6) あなたが本当にやりたいことは何か

「あなたが本当にやりたいことは何か」。この問いは、私が属してきた研究室で、常に問われてきた。それは、心理臨床のことでもあるし、研究のことでもあった。そして、これは、熟練者から初学者までどの臨床家や研究者にも、おそらく共通して必要な時期に自問されることでもあるであろう。初めて論文に取り組もうとするとき、自分の中にはその材料が何もないように思えるかもしれない。しかし、研究テーマのキーワードは、必ず自分の中にある。そのキーワードは、たとえいくつ生まれても消えてもよい。また、変わってもよい。「本当にやりたいこと」を見つめる作業は楽ではなく、個人個人に必要な、そして、相応に時間がかかる。

「本当にやりたいこと」が研究テーマになる場合ほど、論文構成を思考し論述していく作業は、一層見えにくくなることがある。しかし、自分が心で願い行っているときには、必ずその人の人生のプロセスを肯定的に進ませる力が生まれてくると思われる。周囲の人の力を借りながら、今の自分の持つ力を発動してその論文を完成させること、それが心理臨床家への第一歩であろう。

4. 最後に

なぜ研究を行うのかということについて、『心理臨床家の手引』（鑪・名島, 2000）は、「研究を通して対象に関する認識を深め、心理臨床家の経験を組織化する」と述べている。また、ロジャーズ（Rogers, 1961/1967）は、「私は、経験の中にある秩序を発見するのを楽しみにしている」と述べ、大きな経験の中に存在する意味や法則性や秩序を追求していく好奇心から、論文や著作が生まれてきたと述べている。論文を書く動機は、人によって様々である。現実的には、論文を書く必然性や必要性が生じ、将来的展望を臨むときに取り組むのであろう。または、「論文に取り組むべき自分のタイミング」が訪れたときに書く。

私は、この原稿を作成するにあたって、自分が心理臨床に関してどのよ

うな教育を受けてきたかを振り返る機会を得た。研究テーマを構築することは、臨床家としての自分が今抱える課題と多少とも向き合うことになる、と再確認している。私は、今まさに心理臨床の研究に向き合う一人である。まだ道半ばである。今回の原稿の執筆依頼をいただいたとき、困ったことになったと思った。自分は、まだ道半ばすぎて書けない、そう思った。しかし、この道半ばのプロセスを、臨床や研究を学んでいるみなさんが自己の体験と照らし合わせていただき、その体験から納得のいく心理臨床の論文を作成していただけたら、最上の喜びになる。

引用文献

Gendlin, E. T. (1964). A Theory of Personality Change. In P. Worchel, & D. Byrne (Eds.), *Personality Change*. New York: John Wiley. pp.100-148.（ジェンドリン，E. T. 村瀬孝雄（訳）（1966）．人格変化の一理論 体験過程と心理療法 牧書店 pp.39-157.）

小林純子（2009）．精神科クリニックにおける臨床感覚の変化について――日々の臨床の中で 九州産業大学大学院臨床心理センター紀要心理臨床研究, 5, 59-61.

Rogers, C.R. (1961). This is Me. In *On Becoming a Person*. Boston:Houghton Mifflin.（ロジャーズ，C. R. 村山正治（編訳）（1967）．人間論 ロージァズ全集12 岩崎学術出版社 pp.3-35.）

鑪幹八郎・名島潤慈（編）（2000）．新版心理臨床家の手引 誠信書房

津川律子・遠藤裕乃（2004）．初心者のための臨床心理学研究実践マニュアル 金剛出版

参考文献

Gendlin, E. T. (1978). *Focusing*. New York: Everest House.（ジェンドリン，E. T. 村山正治・都留春夫・村瀬孝雄（訳）（1982）．フォーカシング 福村出版）

小林純子（2011）．虐待を受けた子どもとの3年間のプレイセラピーによる心理的変化過程――「過去の体験イメージの余波」をめぐる，今ここでの繋がりの重要性 人間性心理学研究, 28（2），177-189.

小林純子（2012）．フォーカシングにおける問題との距離感覚の効用に関する一考察──2事例による検討　九州産業大学大学院臨床心理センター臨床心理学論集, 7, 15-19.

小林純子・村山正治（2006）．体験を通した自己探究へのアプローチ──フォーカシング体験などをもとに　九州産業大学大学院臨床心理センター臨床心理学論集, 1, 43-52.

増田實（2005）．問題解決的／成長促進的援助──カウンセリング，生徒指導実践への基本的視点　ナカニシヤ出版

増井武士（1987）．症状に対する患者の適切な努力──心理臨床の常識への2, 3の問いかけ　心理臨床学研究, 4（2）, 18-34.

増井武士（2007）．治療的面接への探求1　人文書院

村山正治（2005）．ロジャースをめぐって──臨床を生きる発想と方法　金剛出版

第9章
臨床論文を執筆すること・発表することの意味
自分にとってその体験はどんな意味があったのか

都能美智代

1. はじめに

　2年前、この本の編者の井出さんから「心理臨床研究についての本」を仲間で書こうと思っているから一緒に書かないかという誘いを受けた。そのときは、論文を書くことが苦手で、現在研究をしていない私に本など書けるわけがないと、「私には書けません」とその依頼を即座に、丁重に断った。それから1年後、「臨床論文を執筆すること・発表することの意味」というテーマで書いてほしいと再度依頼があった。テーマがすでに決まっていた。井出さんは、私にこの章を選んだ理由を「書くことを快諾した人より、スパッと断った都能さんが書いたほうがおもしろいんじゃないかと思ったから」と教えてくれた。書けないことにも大事な意味があるのではないか、そういうことも書いてほしいとも言われた。それを聞いて、もしかしたら私でも書けるかもしれないと無謀にも思い、引き受けてしまったのである。

　確かに、私は論文を書くことを得意としていない。研究自体はおもしろいと感じ動けるのだが、いざ書くというときになると、文章がふくらまず長い時間が必要となる。論文を何本も書いている人や発表している人を見ると、すごいなと思うし、うらやましさも感じる。自分の苦手意識も痛感する。こんな私が、時々論文を執筆して学会で発表している。苦手と感じ

ている自分が、それを書き、発表したことは、自分にとってどんな意味があるのだろう。今わかっているのは、自分にとって論文は特別で大事なもの……ということであるが、もう少し深くその意味について考えてみようと思う。

研究論文を書く意味については、例えば、河合ら（1977）で「事例研究とは〔中略〕個人事例の報告に留まらせずに、普遍性や一般性を導き出すことを可能にする」と述べられているように、普遍性や一般性、最新であることなどの研究自体の学術的意味がある。また、発表することにも、実践や臨床へ研究成果を還元していくこと、研究した成果に対して評価や意見を得ること、ネットワーク作り、学術的知見の蓄積、学会の発展など、発表自体の目的につながる意味もあるだろう。しかしその一方で、論文を書く、書いたものを発表するということの意味には、個人の体験の主観的側面もある。その体験が、その個人にとってどんな意味があるのかは人それぞれである。本章ではその点に焦点を絞って書きたいと思い、7人の人にインタビューを行った。私自身の体験と彼らの体験を通して、論文を執筆すること・発表することの主観的な意味について考えていきたい。

2. 自分自身にとっての意味

まずは、自分自身の研究の変遷をたどってみたい。

(1) 自分の存在感を確かめる

私は、社会人経験を十数年経た後に心理学の世界に入った。前職では総合病院で看護師をしていた。医療界の研究は、医療の進歩・開発を背景に、新しいものを生み出す、つまり前へ前へと進む研究が多い。学会は、ほとんどが専門領域に分かれた学会で、発表は一つの研究の持ち時間が10〜15分程度と短かった。

勤務していた病院では、卒後3年目には、全員に卒後教育の一環として院内での研究発表が義務づけられていた。その後は、数年ごとに研究担当

に指名され、院内での研究発表や学会発表をすることが恒例となっていた。当時の研究は、個人ではなく4〜5人のグループでの執筆、発表であった。メンバーで話し合ってテーマを定め、役割分担を決める。研究を実践しながら、仕事後や休日に話し合いを重ね、中心になる一人が論文のたたき台を書き、そこからまた話し合いを重ねながら論文を仕上げていく、そして中心になった人が発表するというプロセスだった。

私の関わったテーマは、臨床現場に直接役立てるためのもので、「患者さんの〇〇に関する消臭効果の検討」「手指消毒ベースン液の検証」「〇〇のマニュアルの検討」などと実験や検証をする研究が多かった。それらの研究は、新しいやり方や実験検証結果を発信することが目的だった。振り返るといったい誰の研究だったのだろうと思う。私一人の研究ではなく、そのグループ、所属していた病棟の研究であった。そして、私にとっての意味は何だったのか、正直なところなかなか考えつかない。唯一言えることは、研究を通して病棟スタッフの一員としての存在感のようなものを感じていたように思う。グループでの研究を通して、先輩や後輩と仲間として関わることができ、出来上がったときには上司に認めてもらった喜びがあった。そんな経験であった。研究自体のおもしろさ、奥深さなどはそのときはあまり感じていなかった。ただ、グループで物事を進めていくおもしろさや難しさ、チームの中での自分の動き方に関心を持つ大きなきっかけにはなったように思う。

そして、大学に編入後、個人の研究へとシフトしていった。

(2) 研究テーマと私自身とのつながり

私の研究テーマと私自身は、かなりつながりがあると自覚している。学部に編入してからの研究テーマは、「がんとともに生きる人たちのサポート・グループ」であった。テーマを決めることに迷いはなかった。卒業論文ではそのサポート・グループの日本での実態調査を行い、修士論文では、がんという病気を抱えながら、生きる時間が限られている中で、その人た

ちはどう生きようとしているのか、何が支えになるのか、サポート・グループにはどんな意味があるのか、生きる希望は何だろうかという疑問に答えてくれた人たちのインタビュー研究を行った。

　その研究テーマの始まりは、20代前半の頃に、アメリカの乳がんの人たちが通うあるサポート・グループ・サロンのドキュメント番組を見たときからだった。当時の私は、大人になること、年を取ることに戸惑っていた。がんになった友人は生きたかったのに生きられなかった。一方、生きるのが苦しくて死にたいと死んでいった身近な人もいた。残され苦しむ人もいた。生きることは、苦しいだけなのか？　みんなどうやって生きているのだろうか？　なぜ生きているのか？　そんなことを心の奥で自問自答し、誰かに、何かに答えを求めてさまよっていた。テレビに映っている彼女たちは、余命宣告され、生きる時間が限られている中、現実をしっかりと受け止め、生き生きと生きていた。そこは苦しさ、不安、悲しさ、悔しさ、怒り、どんな気持ちでも話すことができ、そしてそのまま受け入れられ、安心できる場であった。その生き生きとした笑顔に私は強烈に惹かれ、生きていくヒントが隠されていると直感した。私にとって小さな光となった。そこから始まった研究テーマであった。「生きていると苦しいことやつらいことがある、自分ではどうにもできないこともある。それでも生きていける、それでも生きていく」。そのことを研究を通して探すことが自分にとっての大きな意味であったと考えている。

　そして、修士論文を書きながら気づいたことがある。修士論文で書きたいことが、時間の限られた人がどう生きているのか、それをサポート・グループがどう支えているのかということだけではなくなっていた。上記の番組と出会ってから、私は看護師として臨床現場でがんと共に生きている人たちと関わり、様々なワークショップに参加し、自分について、生きることについて考え続けた。「なぜ生きているのか？」から、「それでも生きていく」「どう自分は生きたいのか」「できるなら楽しく生きていきたい」と少しずつだが、長い時間とともに私の問いや考えは変化していた。また

第9章　臨床論文を執筆すること・発表することの意味

その頃には、支援者としての自分について考えるようになっていた。このような自分の変化を論文を執筆する中ではっきりと意識できた。

(3) 伝える意味

　大学院の博士課程に入り、私は緩和ケア病棟で本格的に働き始めた。緩和ケア病棟は、生きる時間が限られている中、その時を懸命に生きている人たちが生活している場である。緩和ケアという領域に惹かれ働くことも、そこで臨床論文を書き、発表することも、当然私自身のテーマ「生きること」「死ぬこと」と根底でつながっていた。

　学会での発表は、2回とも緩和ケア病棟で働いていたときに関わった事例だった。1回目は、ある患者さんの家族について書いた。うまく機能していなかった家族がどうターミナル（終末期）を迎え患者さんと生きていったか、病棟のスタッフがどう関わったのか、私が心理士という立場からどう関わったのかを書いたものであった。2回目も、残される家族にスタッフとしてどう関わったのかということを書いた。緩和ケア病棟での心理士の役割、姿勢について事例を通して発信することが大きな目的だったが、それだけではなかった。論文を書いて発信する想いの中には、他に個人的な動機があった。それは、"そこに関わったすべての人たち"のことを、"私たちが、懸命にその時を生きていた"ということを他の人たちに伝えかったということである。一人の人間がこの世に生き刻んだ言葉、残される者や支援者の想いを伝えたかった。そして、論文を書く、発表するプロセスの中で、彼らを追悼していたと感じている。また、その追悼という意味の中には、私自身にとってのグリーフワークも含まれていたと考えている。

(4) チャレンジ

　初めての学会発表は博士課程2年のとき、今思うと無謀だったと思うが、国際学会であった。その2年前に同じ学会が開催され私も参加だけし

173

た。そこでは、ゼミの多くの先輩たちが発表した。世界中から来た研究者、臨床家、教師や大学院生、様々な人たちの前で、彼らは堂々と発表し、その姿が誇らしげに見えた。英語の発表はとても大変だけれど、楽しそうで、おもしろそうだなと感じた。「もし次があるなら私もやってみたい」と強く思った。そして翌年、無謀にも次回開催される大会で、当時働いていた緩和ケア領域の事例を発表しようと動き始めた。

　実際の発表は、英語で行うためにいろいろな人に助けられた。発表は、緊張のあまり自分が何を話しているのかわからないときもありながら必死だった。心理の分野で発表は初めて、事例も初めて、国際学会も初めてという何もかも初めて尽くしの大きなチャレンジだった。

　発表の後、様々な国の人が話をしてくれた。ホスピスで仕事をしている大変さやおもしろさ、スタッフとの関係、自国の現状などを話し合った。同じ領域で仕事をしながら、それぞれに頑張って活躍していた。ターミナル領域で働くこと、人が最期まで生きていくことを支えている人たちの想いは世界中どこでも共有できると感じて、自分の世界観が広がった。そして、その場はネットワークを広げる場となり、仲間としてエネルギーをもらえる場でもあった。

3．みなそれぞれ、道の途中
──私の周りにいる人たちのインタビューから

　章題の問いについて考え始めたとき、私は他の人たちにとっての意味を聞いてみたいと素直に思った。その人たちの生の声が、これを読んでくださっている人の心に響き、何か役に立つものがあるに違いないと考えたからだ。そして自分の周りにいる人たちにインタビューを始めた。インタビューをした人たちは特別な有名人ではない。地方で真面目に働いている若手・中堅（20〜40代）の7人で、いずれも臨床や教育に関わっている人たちである（表1）。

　インタビューに答えてくださった人たちは、みなさんそれぞれに臨床論

第9章 臨床論文を執筆すること・発表することの意味

表1 インタビュー概要

〈対象者〉7人
- Aさん：女性・大学院修了後8年
- Bさん：男性・大学院修了後8年
- Cさん：男性・大学院修了後7年
- Dさん：女性・大学院修了後8年
- Eさん：男性・大学院修了後8年
- Fさん：女性・博士課程大学院生
- Gさん：男性・博士課程大学院生

〈方法〉
- Dさん、Eさん、Fさん、Gさん：1人ずつにインタビュー（所要時間40〜60分／1人）
- Aさん、Bさん、Cさん：グループインタビュー（所要時間約1時間／筆者を含め6人）
- 「あなたにとっての臨床論文を執筆したこと・発表したことの意味を教えてください」と質問し、自由に答えていただいた。
- 個人が特定される文章は、内容に影響しないよう変更を加えている。

文を執筆する・発表する意味を深く見つめ、語ってくださった。このインタビュー内容はこれだけで研究になると考えたほど、とてもおもしろく、興味深いものであった。また、個人的には自身の意味を見つめるためにもとても参考になった。

　一人ひとりが語られた、個人的な「私の体験」「私の意味」は私だけのものでありながら、「私」だけのものではない。臨床論文を執筆する・発表するすべての人と共有できる普遍性を持っていると考えている。ここでは、それぞれの意味をまとめながら紹介する。

(1) 変化していく

　研究の動機づけから、臨床実践、書くこと、発表することまでのプロセスにおいて、様々なことを体験し、様々なことに気づく。そして、一人ひとりそのプロセスも、たどり着くところも様々である。

　その人にとっての論文を執筆する・発表する意味は、その長いプロセスの中で少しずつ変化していく。

第Ⅳ部　発信する

▼世界の平和につながる：Ａさん
　「私はもともと事例を発表することに躊躇があった。でも、少し私の解釈が入るけれど、スーパーヴァイザーの先生に『それ（論文を執筆すること・発表すること）が、次のクライエントの役に立つ。あなたが腕を上げることで、必ず相手のクライエントにも役に立つし、他のクライエントにも役に立つ。そしてセラピストにも役に立つ。それはめぐりめぐって、人のためになるんだから、相手がいいと言ってくれているんだからいいんだ』と。そしてめぐりめぐって世界の平和につながるみたいな、そう言われたことがあって、ようやく、ある一点でもいいや、相手がいいと言ってくれているから感謝して書かせてもらおうと、それからちょっと書けるようになってきた。相手がいいと言う論文は発表できるようになった」

▼供養：Ｃさん
　「僕は面接を通して深い体験をしたことは、終わってからやはり何かの形で発表したり残したいと思う。一つはその人への感謝かな？　言葉がだいぶ違うけど"供養"かもしれない。そういう大事なケースは、なかなか言葉にならなくてうまくまとまらない。でも、あるときスーパーヴァイザーの先生が、論文などでうまくいったケースはちょっとまとまりすぎていて、論文を書くためにやってるんじゃないかと思うこともある、とおっしゃった。それで、『書けばいいんだ』と思うようになった。……僕の場合の事例研究は、その先生の影響が大きいと思う。背中を押してもらうというか、『出してみたら』とは言われないけど、ずっとケースを話すことでしっかり受け止めてもらえて、それがよくある経験の一つに過ぎないということではなく、自分の経験していることにすごく意味があると思えるというか。それはスーパーヴァイズの影響かなと思う。出した後は供養になったとも思うし、達成感もあるんだよ。……あるケースを出そうと思って、本格的に書き始めたとき、その人が亡くなる夢を

見た。何でそんな夢を見たのかなと不思議に思ったけど、やっぱり死と再生がテーマじゃないけど、一つ自分の中で区切りがついたんだなとしっくりきたね。嫌な亡くなった夢じゃなくてね」

▼その人たちのことを伝える：Ｄさん
「私は修論前も修論後もテーマは変わらなくて、卒論は地元で書いた。基礎研究をすることをまず始めたんだけど、修論から県外に出たので、県外の人たちに地元のこと（研究テーマ）を知ってほしいという意味でも書いていた感じはある。中間発表のときとか意識して発表してきたつもり。知ってほしいという意味でもね。……大学院のときに海外の学会に出て発表したことがある。日本だけでなく、世界へ伝えるみたいな、どんどん広がってきたような気がする。でも、根っこにあるものは変わらないような気がしていて、研究をしようと思って研究をしていないというか、その人たちのことを伝えたいという気持ちが執筆したい、発表したいということにつながっていると思う。……（その対象者の方たちが）いかに生きてきたのか、そのことを伝えたいことと、70年経っても未だここまで心の傷が残っている、語りが生々しかったりするということの意味から問いかけたいというところがある」

▼人と出会う：Ｇさん
「論文を書く意味は、正直今はわからない。でも、あのとき（卒業論文のとき）ゼミで研究してよかったなと思うのは、人間関係が広がったこと。あのおかげで（他の）先生と出会った。そこから、どんどんいろんな人たちと知り合い、広がっていった。あの研究をしていなかったら、きっと出会えなかった。それは本当に大きかった。それから、研究の実践をやればやるほどおもしろいなと思うようになって、修論でも書いた。そして今も広がってやっている。そういった意味では研究していた意味はあるかなと思う。人間関係がすごくいい感じで広がったことは」

第Ⅳ部　発信する

▼やったことの地図：Fさん
　「修論は、実践したことを書こうとしたときに、どの視点から書いたらいいのかというのが、どうしてもまとまらなかった。グループで○○療法を使うという形でやったけれど、例えば、グループの視点もあれば、ファシリテーターの視点もあれば、コミュニティとして見る視点とか、○○療法を使ったという視点もある。とにかく、やろうとすると視点がものすごくあって、それが捨てられない、どれってスッキリ選べなかった。……最終的に先生（指導教員）から『今のあなたはまとめようとするほうが難しい、まとまらないのも味だからそのまま書けばいいんじゃないか』と助言されたこともあって、一応自分としてはだいぶまとめて視点をある程度絞ったつもりで書いたけど、結局は漠然とした論文になったと思う。……だけど、今思うと、やったことの地図というか、やったことが見える、そのとき考えていたことだとか、やったことから考えたこととかが、その時点での私のいろんなものがどんと出た感じはある。いろんな側面、その時点での全部を机の上に出しました、という感じだった。次に論文を書こうと思ったときに、この机に出したものから、じゃあこれをまとめようかという、そういうものとしての意味があるかなあという感じがある。半年ほど経った今思う」

(2) 自分を生きることとつながる
　研究は、単に興味関心があるからとか、仕事上必要だからという理由だけで行われるのではなく、自分の人生、自分自身の課題、生き方や価値観などと深くつながっている、つながっていく場合が多い。このインタビューでも、臨床研究を書くことや発表することを通して自分自身と向き合い、見えてきたもの、気づいたこと、やっとたどり着いたところなどが多く語られた。

第9章　臨床論文を執筆すること・発表することの意味

▼自分は何なんだ：Bさん

「自分にとって博士論文を書いたことはやっぱり大きかった。もともと別にその研究テーマに興味があったわけじゃなくて、卒論は別のことで書いた。大学院でそのテーマの活動をやって、微妙だなと感じ、もっとよくできるようになりたいと思って研究をやり始めた。（指導教員とテーマが重なっていたので）先生がどう考えているのかがわからないから、それを理解するというところから始まった。その研究テーマの概念は、先生が言い始めたことだから先生が正しいという感覚があって、自分は何をやってるんだろうという感じもあった。そして、他のやり方をしているところに実際に研修を受けに行って、どう違うか確かめたりもした。悩みながら少しずつ、自分なりのテーマの解釈に変わってきたんだなと思う。たぶん博士論文を作る過程での一番の転機は、学部生の一人の卒論からヒントを得て、質問紙を取ったり、因子を作ったりした。あのあたりから段々と自分の関心があるものを結局やってるんだという感じが少し持てるようになってきて、ようやく自分の研究になってきた。そこで得てきたものは、やっぱり自分が臨床で大事にしたいこととつながってるなという感じもある。博士論文を書いた前後で、研究と論文と自分が少しつながった感じだった。それまでは全部バラバラだった。臨床もいろいろやった。たぶん、『自分は何なんだ』というのがずっと自分のテーマだった。今もそれは残っているけど、少し研究をしたことで自分が固まってきた」

▼今の自分で：Fさん

「私のゴニョゴニョした部分、いい部分もあるんだけどもうちょっとスッキリできたらいいのにと思ってた部分で、（発表をしたら）地球の裏側にも同じようなことを思っている人がいた。逆にそれがあったからこそつながったようなところがある。その状態、そういう（自分が）ごちゃごちゃした状態で、今はいいのかなと確かに思った。……先生（指導教員）

にも（発表で）伝わったからこそ話ができたのかもしれない。発表後に思わぬ結果として、先生と話ができて、私の行く道とか方向性が確かめられた。これからの道の杭（が見つけられた）という感じだった」

▼自分の課題とのつながり：Gさん
　「研究と自分とのつながりは確かにある。最初は学校のいじめとか、障がいを持っている人とか、そんなテーマがずっとあったけど、イマイチしっくりこなかった。自分が集団がとても苦手だから、学部生のときの授業であった集団合宿は本当に嫌だった。でも、そこに行ったら、最後はマイナスな感じでは終わらなくて、それよりよかったと思える感じで終わって、それは自分にとって衝撃的な体験だった。そのときは、あまり考えてなかったけど、後で何の研究をしようかなと思ったときに、思い出してこのテーマで研究をすることになった。そう考えるとつながり、今の研究テーマは普段の自分の課題のようなところとつながっている感じがする」

▼いかに私は生きていくか：Dさん
　「研究対象者の話を聴いたり、それをまとめる作業をしていると、いかに悲惨なことがあったかということよりも、いかに生きてきたのかみたいなことを伝えたいというのがあって、それを聴かせてもらったり、それをまとめる作業をすることで、私にとってのヒントをもらえた。これは、外に訴えることよりも、私にとって大きな意味がある気がする。それでもなお生きていく、生きてきたみたいな。……私のための研究でもある。（研究を）やることで、もらっているもの、私自身に返ってくるものが大きいと思っている」

(3) 伝わる相手がいること
発表をすることには、書くこととはまた違った意味がある。

何が違うのだろうか？　発表の場には、自分の伝えたいことを関心を持って聴いてくれる人たちがいるからだと私は考えている。その場に関心を持ってくれる人たちがいるからこそ、人間関係を広げられ、ネットワークを作るチャンスがある。発信し、その人たちと意見交換を続けることで、言いたいことが洗練され、見えてくるものがある。

　また、発表するその体験自体がその人にとってチャレンジであり、そのチャレンジをやり遂げたことで誰かに認められたり、または自分を認めることができるようになり、自身の自信を得る機会にもなっていた。

▼つながっていく場：Eさん
　「この研究を始めたとき、この領域で臨床をしている人はまだまだ少なくて、学会で発表しても、ケースの中身というよりも、例えば生活の中でクライエントと関わるのって、いいのか悪いのかという話になったりして、本当に話したいことにたどり着かない感じが自分や他の人の発表であった。自分のテーマは『その領域で心理職がどう働いていくか』で、自分が研究して発表してその成果を知ってもらうことだけでなく、そこでどうやってネットワークを作っていくかが目的でもあった。だから、口頭発表もそうだけど、自分にとってポスター発表がいい場だった。たくさんの興味のある人が来てくれて、名刺交換しながら、話す時間もたっぷりあるから、そこで出会った人にまたインタビューさせてもらったりして、ネットワークが作りやすかった。つながっていくことは、自分にとってとても大きかった。研究者として、先輩や後輩とのつながりもできるし、同じ土俵で臨床を一緒にやっていこうというふうな人と出会える」

▼達成感：Eさん
　「海外の学会に行くときはまた違う感覚がある。そもそも英語で発表することに対する自分のチャレンジが大きい。発表自体も自分のチャレ

ンジだった。……発表は、先が見えなかったから緊張した。自分が作って発表して、どういうふうになるのか予測がつかなかった。自分なりに発表したことが大きな作業だったし、自分にとって自分の発見になったなと思った。……日本の現状を伝えようかなと思ったり、日本より受け入れられるだろうなという気持ちがあった。論文を書き上げたときや発表したときは、私なりにやり遂げたとか、もう少しいやらしい表現をすると、こういうことができている自分ってすごいなぁと思うとか、達成感とかね、そういうのがある。その意味では海外の学会でのほうがその感覚は強い感じがする」

▼伝えられた実感：Fさん
「（海外での学会発表が）終わってみて、反応がとてもわかりやすかった。英語だから（発表までの）プロセスの大変さも違うし、そういう意味の大きさもあった。外国だからこそ反応がわかりやすかったのかもしれない。（今回は）先輩、私、先輩が発表するという形態で発表した。先輩が概念的なこと、私は事例2つ（対象者が自分と他人）を担当した。実際に発表してみると、自分のことを発表しているときが一番力が入っていた。終わって思ったことは、実際に自分の経験した内面的なことを語ったときの反応があんなふうに今回はっきり見えて、（伝えようとすると）それがワールドワイドに伝えられるというか、伝わるんだなと思った。終わった後に（海外の）院生たちが『私も同じような体験をした』と何人か集まってくれた。それも、『地球の裏側で（同じような体験をしているなんて）、アメージング！』みたいな。本当に正確に伝わったかどうはわからないけど、やはり感触としてはすごく伝わったなと感じた。研究って何だろうとずっと思っていて、未だわからない。でも、何か深く物事を掘っていくイメージ。伝えることが大事なんだなと思った。そして、伝わるんだなと実感した」

第9章 臨床論文を執筆すること・発表することの意味

▼認めてもらえた：Aさん

「大学院修了後、日本の学会で初めて当時の職場でのプレイ（プレイセラピー、遊戯療法）のケースを発表した。それからずいぶん経って、指導教員の先生から『Aさんはあのとき発表してから変わった』と言われた。何がどう変わったかは、私ではよくわかんないんだよね。先生が（学会期間中の）ある会のときに見ず知らずの隣の人から先生の教え子とは知らないで、こういうプレイの話をしていておもしろかったと言われていて、それを聞いて先生は私のケースをまるで聞いたかのように話され、ほめて、とても喜んでくれた。そのときたった一度だけ先生がほめてくれた。それまであまり私は先生にコミットしてなかったから、先生に認めてもらったと初めて思った。こういうことってあるんだ。そういうことを思ったような気がする」

▼繰り返す中で固まるもの：Gさん

「（大学院での論文中間発表会で）やっていることを外に伝えることに関しては、修士のときより今のほうが燃えている感じがある。発表までの1年間に経験したり考えたり勉強したことがあって、段々と（大学院の）先生の質問の意図みたいなことが何となくわかってきたりとか、話されていることの意味がわかってくると、ここは検討してほしいことではないとか、ここは自分の意見を伝えるべきだとか、少しずつある程度整理できるようになってきた。修士のときとは全然違う。最初のうちは、ありがとうございますとか、参考にさせてもらいますとか言いながら終わるんだけど、今はそれはどういう意味なんだろうと考えたり、『こういうことで合ってますか？』と返したりしている。今までは全然わかってなくて、自分の経験自体も把握してなかった状況だったので、先生たちに何か言われたら、（言われたことのほうが）正解という気がして、自分は間違っていたんだと思って素直に直そうとしたりした。でも最近は一部分でも自分がこれと思って確信が持てる部分があると、『僕はこう思いま

す』と質問に真摯に向き合えるようになった。そうしながら次第に自分の大事にしていることを固めていっている気がする」

みなそれぞれ"途中"である……インタビューを終えてこんなふうに感じた。

みなそれぞれ、悩みながら、迷いながら論文を書いている。発表している。その意味は、何がいいとか、どこがいいとかではない。体験したことを自分の中に取り入れながら、その人がそれぞれ向かうところへ、それぞれの歩みで向かっていた。

人は、体験を自分の中に取り入れながら、反芻し続け、長い時間をかけ人生を変化させていく。そこには個人個人の力動的なプロセスがある。人生を生きることは、様々な体験を通して、それらを織り込みながら生き、「私」を形成していくことだと考える。この先も、彼らは論文を執筆する・発表することで、また新しい意味を加え自分を生きていくのだろう。

臨床論文を執筆する・発表する体験は、成長というだけでない、その人自身にとって自分を生きるためにつながる大きな、そして大事な体験であった。

4. 書けない、書かない時間

書けないことには、意味はあるのだろうか。

自分自身の体験を振り返ると、大学院では、時間を買ったのだからとアルバイトもしなかった。考える時間がたっぷりとあった。やりたいことだけをやり、修士論文を書くことに迷いもなく突き進んで書いた。あのときは自分の中で書く目的が明確にあり、2年間という期限があったから書けたのではないかと思う。

大学を離れ、臨床現場で仕事をしながら研究論文を書くことは、心理職として当然と言われれば当然である。だが、私にとって実際に日々臨床をしながら書くことは正直とてもエネルギーが必要である。修士論文発表

後、最初の学会発表に至るまで1年半が過ぎていた。仕事を本格的に始めて、自分の仕事にやりがいを感じ始めたときに初めて書こうと思えた。仕事を始めて、まだ無我夢中でやっていた1年くらいは、気持ちの余裕がなく、発表できるほど仕事への自信もなかった。ようやく少し自分がやれたこと、やれなかったことが冷静に見え始めてから、ある苦労した事例をどこかで出したいと思えるようになった。

　2回目の発表は、また1回目からすでに3年が過ぎていた。このときは、当時働いていた職場を一度離れようと考えていたときであった。働いた締めくくりとして職場でスタッフと一緒に頑張って関わった事例を書き、仕事を通して大事に考えたことや感じたことを発表した。それは言い換えると自分なりに職場を去るための区切りでもあった。

　このように、論文を書けるようになるためには、自分自身の環境、状況や気持ちなどの様々なプロセスがあった。そしてこのプロセスは必要だったと思っている。

　今回のインタビューでも書けること、書けないことについて数人の人が話していたのでここで紹介したい。

　Aさんは事例を書くことをいかに真剣に大事に思っているか、次のように語っていた。

　「私にとっての核になる事例って書けないんだよね。私にとって布石になったケース、一番大事なことは書けないよね。書けないってことが大事だと思わない？　言語化できるものじゃない。事例では書けないとわかっていることが大事だよね。論文にできるケースというのは、ある程度私と距離が取れているところしか書けない。……未だに罪悪感がある。もちろん、クライエントにも上司にも許可をもらった。でも割り切れないところがあって。本当に発表できるケースは限られる。罪悪感があるような葛藤がある。それが年々大きくなるんだよ。臨床をやればやるほど大きくなる。本人もいいと言ってくれて、私も書きたい、私も大

切と思い、向こうも大切と思ってくれてやっと書ける。『うそ、私のこと書いてくれるの？　超かっこいい』と言ってくれる人じゃないと、本当の命がけのケースは書けないね」

Cさんは、事例を書かない理由を以下のように述べている。

「今も臨床家としてのアイデンティティは揺れてはいる。自分は事例研究を書いたことがないのね。何か書けないというのがあって。一つは、まとめてもそれ以外の部分がたくさんありすぎて、ストーリーを作っているような気もして。書き終えたのに、見直してみるともっと違う要因があると考えて書ききれない。自分の臨床にまだあまり自信がないというのもある。うまく言えないけど書けない。書けるといいなという気はする。調査研究のほうでは、自分が臨床で何を大事にするかは確認できたけど。書ける人ってすごいなと思う。何だろうね。……自分で何をやっているのかがはっきりしてないということもある。常に悩んでいる感じ」

Dさんは、卒業論文から長い間続けてきた研究を終わらせることについてこう語った。

「（研究について）これからどうなっていくんだろうな。わからないけど、ちょっと今は休憩かもしれない。エネルギーを使いすぎたところもある。今の仕事の領域の研究もやらなきゃいけないと思い出していて、その研究に注ぐエネルギーは昔ほど大きくなくなっている気がする。最後は本を出して終わろうと思うんだけど、本が書けない。何だろうなと思う。すごく幼稚な言い方をすると、これを書いたら終わってしまうみたいな。続けたい気持ちはたぶんあるんだろうけど、これでいったん区切りにしようと思っていると、筆が進まないというのはある。……修士の頃は楽しかった。論文を書くのも楽しかった。あのときは、修論という区切り、

わかりやすい区切りがあったからやりやすかった」

Eさんは、書ける時期について語っている。

「この事例（を実践したのは）は10年くらい前だけど、やっと考察できるようになって、（考察できるには）この時間が必要だった。……機が熟す時期ってあるよね」

臨床論文を書くには、誰にとっても自分の書ける時期やタイミングがある。どの経験もどの時間も無駄なものは何一つなく、どれにも意味が存在する。書くためには、書かない、書けない間にどう自分が仕事やクライエントと向き合っているのか、普段何を大事にしているのか、大げさに言うとどう自分が今を生きているかが問われるのだと考える。

5．おわりに

臨床論文を執筆すること・発表することについて、「自分の伝えたいことを書く、伝える。そしてその伝えたいことを聞いてくれる、見てくれる人がいる。それだけで意味がある」と思う。臨床論文の学術的意味はもちろん重要である。だが、研究者にとって体験の個人的な意味も大きく、臨床論文を執筆すること・発表すること、そのプロセスの一つひとつが書く人自身の成長や豊かさにつながっていく。そして、その意味を見出すのは、研究者自身である。

インタビューをしながら、本稿を書きながら、学部生、大学院生の頃をよく思い出した。図書館に通い詰め参考文献を集めて勉強したこと、研究で出会った人たちとの関わり、ゼミ仲間と議論したこと、進まず途中で嫌になって旅に出たこと、指導教員に指摘されると落ち込み、ほめられうれしくなったこと、部屋にこもり論文と毎日格闘したこと、発表会では緊張のあまり頭の中が真っ白になったこと、すべてが終わり涙が出たこと……

第Ⅳ部　発信する

エピソードを挙げればきりがない。どの体験も今は懐かしく大事にしている体験である。

　インタビューをした一人が、「臨床論文を書くのは楽しいよね」と語っていた。自分に聞かれたら、「楽しい」とは言えず、「楽しいとも言える」くらいに答えるだろうなと思った。その一つひとつの体験は個人的には大変だったし、苦労もし、まだまだ頑張らないといけないと思う自分もいた。一方で論文を執筆する・発表するという未開拓なところに挑戦する自分にワクワクした。いろいろな人たちと出会い、様々な考え方や感じ方に触れ、自分の視野が広がった。そしてそこから見つけた自分にとっての様々な意味は、書いたからこそ、発表したからこそ手に入れたものである。

　私も道途中である。今からまた、自分のペースで歩いていこうと思っている。

引用文献

河合隼雄・佐治守夫・成瀬悟策（1977）．鼎談　臨床心理学におけるケース研究　河合隼雄・佐治守夫・成瀬悟策（編）臨床心理ケース研究1　誠信書房　pp.231-254.

参考文献

高松里（編）（2009）．サポート・グループの実践と展開　金剛出版

〈特別寄稿〉
大学院生の指導・養成・訓練のための自己実現モデルの展開

村山正治

1. はじめに

　大学院の臨床心理系の学生を指導・養成・訓練するカリキュラムの原理は2つある。科学者-実践者モデルと実践者-科学者モデルである[1]。それを念頭に置きながら、私はPCA（パーソン・センタード・アプローチ）の実践と教育論を手がかりに、50年近く大学院生の教育に携わってきたが、ここではその体験から導かれた「自己実現モデル」と呼ぶ新しい考えを紹介したい。米国と日本で主流の科学者-実践者モデルは、研究・リサーチが優先されるので、臨床実践がおろそかになりやすく、実践家が育ちにくい。実践者-科学者モデルは、研究・リサーチを軽視し、独善に陥りやすい傾向を生む。自己実現モデルは、大学院生自身の自己実現を中心に据えるところに特徴がある。心理臨床の学びを進めていく読者のみなさんにとって、この考えが少しでも参考になるところがあればと願っている。

2. 自己実現モデルが生まれてくる私の個人的体験

　自己実現モデルは、大学院生の自己実現を中心に据えて研究者や実践家が育っていく過程である。つまり、専門性と人間性を統合しながら大学院生一人ひとりの持ち味を生かしていくモデルである。
　私は京都大学の出身で、50年近く大学の教員を務めてきたが、そこで

何を学んだかということをまずは述べていきたい。

(1) 京大教育学部時代——哲学志向からカウンセリングへ

　私はもともと哲学に関心があって、わざわざ東京から京大に1浪して入学した。なぜ哲学かというと、高校時代から「自分はどう生きたらいいのかわからない。それは哲学に答えがあるはずだ」と思い込んでいたためである。しかし、入学して授業に出始めると、どうも私には理論的な哲学はわからないし、合わないという感触を得た。自分にぴったりくる講義が見つからず、困っていた。人間学や哲学的教育学、教育史などの学問に惹かれている自分がいた。自分の将来の志が立てられないまま、4年間で必要な最低限の単位を取得し、卒業した。

　「悩み抜いた」という感じだが、一方で「トンネルを抜け出た感じ」「登る山が見えてきた感じ」もあった。それは、まだはっきり人生の目標がわからない自分を見守ってくれる先生方がいたからである。そこで、お世話になった先生方とのエピソードをいくつか紹介しておきたい。

① 上山春平先生との出会い

　当時、京都大学人文科学研究所が学生の研究サークルを対象に共同研究のメンバーを募集していた。中学時代の恩師から、京大人文研の桑原武夫、今西錦司などの名前は聞いており、憧れていた。私は所属する教育学部よりも研究サークルのほうによく顔を出していたが、私はメンバーに採用された。私のサークルは上山春平先生がリーダーだったのだが、研究で何を行ったのかはよく覚えていない。大学近辺の古本屋で古本探しをしたりしたことを覚えている。先生と親しくなって、「村山君、君はドイツ語ができなくて困っているようだが、最近は哲学の本も優れた英訳がけっこう出ているからな」などとよくサポートしてもらった。私は当時、人との接触をあまり好まず、ひきこもりの傾向があると話していたら、「僕の知り合いが空き家を持っているから、そこに行くか?」と言ってくれた。学生にとって、自分の方向性を見出せないようなときには、見守ってくれるとか、

余計なことは言わないで気にかけてくれるとか、そういう存在が持つ意味は非常に大きい。今思えば、当時の私もそういう人たちにずいぶん救われてきた。「自分がわからないままでも、自分にとって大事なことを探し求めていていいのだ」。そういう安心感が私にはあった。当時の京大の持っていた雰囲気だと思う。

② 卒業論文での4人の先生との出会い

私は日本に初めてカール・ロジャーズを紹介した正木正先生、その弟子の高瀬常男先生のゼミを選んだ。私のテーマは「ロジャーズにおける哲学と科学」という大きなものだったのである。この教育心理学の2人に加え、哲学の高坂正顕先生、下程勇吉先生に指導を仰いだ。今から振り返れば、これはいいシステムだったと思う。私のように、まだ興味が拡散している人間を一人の教員が指導するのは難しいのである。一人の教員に固定してしまうのは、ある意味で教員サイドの都合であり、学生サイドの都合ではない。

③ 武谷三男の論文との出会い

京大時代は図書館によく通っていて、そこでも大きな出会いがあった。当時、京大には湯川秀樹門下の武谷三男という有名な物理学者がいて、思想の科学研究会を鶴見俊輔氏と創設し、科学論、技術論などの論文を書いていた。そうした論文の一つで、「これからの哲学は、今までの哲学のやり方でやってもダメだ。一つのサイエンスをやりなさい。そして、サイエンスをやると必ずそこに哲学の問題が出てくる」といった趣旨の文章に出会った。この言葉は、自分の生き方の答えを哲学に求めつつも、哲学を理解できないで苦しんでいた私を救ってくれた。そこで、当時カウンセリングが米国から輸入されてきていたので、心理学でも私はカウンセリングをやろうと方向が固まってきた。今思えば、カウンセリングを受ける必要があったのは、私自身だったのかもしれない。こうした経緯で、大学院はカウンセリング専攻の臨床心理学に進んだ。

④ 4人の教授からの口頭試問

　大学の卒業論文では、学生を一人ひとり呼んで口頭試問を行っていた。私はあまり丁寧に読んでいないドイツ語文献を引用していたため、哲学の先生から厳しいお叱りを受けると思い込み、縮み上がっていた。ところが、哲学の先生から「ビンスワンガーとか、ロジャーズとか、君は優れた人を見つけたな。もうちょっとゆっくりやりなさい」と言われてホッとしたことをよく覚えている。私の稚拙なドイツ語訳の不備を指摘するなど、いろいろ指導の仕方はあったと思うが、そういうことは一切言われなかった。きっちり読んでいただきながらも、最終的に私が自分の方向を自分で選択するまで余裕を与えてくれた。これは、あの時代の京大の素晴らしいところだった。今日の私があるのは、これらの先生方のサポートのおかげである。

　このような歩みを経て、私は大学院に進学し、博士課程を修了した。この間、心理臨床家としての経験を大いに積んで、不登校の中学生のカウンセリングで効果を上げていた。臨床体験をたっぷり積み上げていたこの間のことは、拙著『ロジャースをめぐって』に書いているので省略する。

⑤ 人生は自分の納得が大切

　もう一つ、ある先生の話を紹介しておきたい。ある先生が学長に選出され、東京に転出されるため、パーティーが開かれた。私は、その先生は総理大臣でも学長でも何でも務まりそうで、素晴らしい業績を持っている大学者であると尊敬していた。その先生が「自分の人生は人にかつがれたようなところがある」と述懐されたのである。私は驚いた。かくも偉大な先生が自分の人生に納得していないようなことを言われたからである。私は、業績よりも何よりも、人生を生きることは自分の納得が大切であることを学んだ。今、この年齢になってみると、私自身の人生においても納得できないことはたくさんある。しかし、この言葉を思い出し、できるだけ納得のいく方向へ進んでいきたいと思っている。自己実現の大切さを学んだのである。

(2) 京都市カウンセリングセンター時代
——日本初の常勤スクールカウンセラー

　大学院博士課程を修了して、私は日本で初めて設置された京都市教育委員会のカウンセリングセンターに常勤職を得た。小中高の先生方の研修と、来談する保護者と子どもの面接が主な仕事である。大変楽しい職場で、河合隼雄先生から箱庭療法の指導を受けたりして、臨床家として腕を上げることに熱中していた。やがて、カウンセリングセンターで管理職や所長職を引き受けなければならないような状況が生まれてきた。私は、もっとカウンセリングの実践と研究を深めたかったので転出を考え始めた。その頃、九州大学教養部でキャンパスカウンセラーの募集があると聞き、迷った末に、後先考えず片道切符で家族ともども福岡へ移った。私にとってこの選択は、大変な幸運を引き当てた感じがしている。

(3) 九大教養部時代
——キャンパスカウンセラー・大学紛争・エンカウンター

　九大での7年間のキャンパスカウンセラー体験からは、多くのことを学んだ。
　まず、「メヂカルモデル」から「コミュニティモデル」への目覚めがある。学生相談では学生の成長への支援を視野に入れる必要を感じた。大学を学生、教員、保健師、事務職員からなるコミュニティと捉えると、仕事が見えやすくなった。
　病理水準の高い学生の支援では、「トータルケア」という視点が有用であると気づいた。つまり、カウンセラー一人で支援するのではなく、教職員、関係学生、精神科医などがそれぞれの専門性と力量を発揮して共同作業を展開することを学んだのである。
　また、学生の持つ相互支援力の強さに気づいた。キャンパスはコミュニティであり、援助資源が数多くあるところだと認識するようになった。特に学生たちの結びつきや援助力、ネットワークの強さに多くを学んだ。

そうして、学生の相互援助力を引き出すエンカウンター・グループの可能性に惹かれていった。大学紛争の最中のゼミで、一部の学生たちとロジャーズの「人間論」[2]を読み込み、カウンセリングの意義は「適応」よりも「自己実現」にあることを学び取ったのである。

(4) ロジャーズのもとへの留学

その後、1972年に、私は家族とともに、ロジャーズが設立した研究所 (Center for Studies of the Person: CSP) に客員研究員として留学した。

ロジャーズから学んだことは、ロジャーズの生き様、つまりカウンセリングを「生きる」とはどういうことか、ということである。ロジャーズは、自ら創造したカウンセリングのスキルと価値観を生きて実践している人だった。彼は当時すでに個人カウンセリングは実践しておらず、自分のカウンセリング理論と仮説を発展させたエンカウンター・グループを使って世界平和に貢献しようと努力していたが、そうした挑戦性にも大いに感じさせられるものがあった。

CSPには、狭い意味での流派としてのPCAを志向する人は数えるほどしかいなかった。あとは流派不明の人である。つまり、ロジャーズの研究所は、ユング研究所とは異なり、PCAの養成・訓練機関として資格を出すようなところではなく、新しい研究プロジェクトに取り組むために多種多様な人が集まっていた。PCAの研究所を設立すれば、世界中から人が集まって有名になり、経営もうまくいくはずだが、ロジャーズはそうしたコンセプトは選択しなかった。21世紀最大の課題、つまり世界平和という問題にどう貢献できるかということを死ぬまで追究した。その生き方は私を惹きつけた。ロジャーズが創造した理論以上に、彼の生き様が私にインパクトを与えたのである。そして、彼はよく話を聴いてくれた。「正治、君はそれをどう考える？」と。私は自分の考えをできるだけ明確にしようとした。

CSPは、いわば当時のカウンセリング心理学の最前線であり、ここで

の学びは、自分が日本に帰国したときに何をすればいいのか、自分が進んでいく方向を考えたり定めたりするのに大きな影響を与えた。

(5) 福岡人間関係研究会の設立

私にとってエンカウンター・グループは、心のふるさとであり、研究を行い仲間を得るフィールドであり、自分自身が変わっていく体験のできる成長の場である。

1968年、九州大学教養部の村山ゼミの学生と社会人が集まって設立した福岡人間関係研究会（FJK）は、エンカウンター・グループを媒介としたネットワーク組織である[3][4][5][10]。理念は、21世紀の新しい組織として「バラバラで一緒」で、私にとっては非常に大事なコミュニティであり続けている。仲間たちと40年以上にわたって4泊5日のエンカウンター・グループを開催しており、全国各地から参加者が集まるエンカウンター・グループ運動のメッカの一つに成長し、今も継続している[6]。

コミュニティ論からすれば、宿泊エンカウンター・グループは「時間ないしテーマ・コミュニティ」であり、月例会は「地域コミュニティ」である。現代人が他人とつながり、共存し、互いの共通点と異質性を大切にできるコミュニティは、世界的にも注目されている。ありのままの自分を認め、自分の良さを肯定できるライフスタイルを獲得することで、いわゆるオンリーワンに目覚め、自分自身のミッションを自覚するようになり、マイペースで生きていくプロセスが展開する。夫婦のあり方などについても、そのカップル特有のあり方が大切で、それはそれぞれが創造していくプロセスだと理解できるようになる。

また、参加者が各地域で新しい小グループ活動を展開していくプロセスが起こり、FJKを中心にしたネットワークが出来上がっている（サテライトネットワーク）。リピーターが変化するプロセスに出会うと、成長のペースは個々人で異なるが確実に変化の道を歩んでいることが確認できる[6]。

ここまで私個人の体験とそこから学んだことを述べてきた。これらのす

べてが、自己実現モデルが生まれてくる背景となっている。

3. 自己実現モデルの原則
ここでは、自己実現モデルの原則をまとめておく。

(1) 研究方法論より問題意識・興味・関心を重視する
　私が若い頃、心理学になじめなかったのは、いつも方法論が先にありきで、「人間」がいないと感じられたからである。私の発想は、問題意識が先にありきである。つまり、学生本人が何を考え、何をやろうとするのかという問題意識を方法論より優先するということである。方法論が先にあると、例えば、「この問題は、質問紙法で取り組むには難しいから、別の問題にしなさい」といった指導になりかねない。これでは、心理学が取り扱う問題の範囲が狭まってしまい、人間にとって大事な問題を方法論のせいで先送りすることになってしまう。重要なのは、学生にとって「今、何が大事か」ということである。この点は、私がロジャーズから学んだことの一つでもある。当時、米国はベトナム戦争の最中にあり、米国の社会を変えなければならないというのが彼の問題意識の一つだった。たとえその解決方法がはっきりしていなくても、問題について考えていくことが大事なのである。そこから新しい方法ないし取り組むアプローチが生まれてくる。

　私は、教員として、「その学生は何をやりたいのか」ということを一緒に考えていくことのほうが、方法論よりも優先されるべきだと思っている。私は学生の興味や関心を大事にする。この人がどのようなことに興味を持っているのか、どのようなことをやりたいと思っているのかを丁寧に聴く。これは、学生の自己実現にとって最も大事なことである。

(2) 研究者自身の鉱脈探し
　自分にとって重要なこと、関心があることを研究できている限りはエネ

ルギーが出てくる。借り物のテーマで研究していると、すぐにエネルギーが尽きてしまう。しかし、その人自身にとって本当にやりたいこと、「鉱脈」というのは、すぐに見つかるものではない。そこで、それを学生と一緒に探していくプロセスが、研究者の将来性を考えていくときに大事になる。

　ひきこもりをテーマに、学部時代に統計的手法を用いて良い論文を書いた学生がいた。大学院で私の研究室に来たが、PCAとどう関わるか、臨床的にひきこもりをどう扱うかといったことが1年間くらい決まらなかった。私の仕事は、なかなか決まらないときに、学生の潜在的なニーズを感じながら付き合うことである。いろいろ聴いてみると、その学生はひきこもりの問題が彼自身の生きることの中心テーマになっているようである。その学生の「鉱脈」はひきこもりだとわかってきたので、あまり余計なことは言うまいと思っていた。そうすると、学生は自分でいろいろなところに出て行って探すようになり、探し始めるとたいていおもしろいことが見つかるものである。いくつか訪問しているうちに、その学生は、ひきこもりの施設を運営している人に出会った。そこで経験を積んでいくうちに、これは続けてやっていけそうだと思い、施設からもここで研究を続けてほしいと言われ、修士論文を書くことになった。11月くらいだった。

　私のゼミは、九大時代は「村山サーカス軍団」と言われていた。サーカスの綱渡りや空中ブランコのように、いつも落ちそうで、落ちない。ギリギリまで時間がかかるが、落第しない。うまくは書けないが、落第しない。私は常々、学生に対しては、「修士論文を書きなさい」ではなく、「自分の鉱脈を探しなさい」と勧めている。

（3）臨床経験と研究を乖離させない

　なかなか自分のやりたいことが見つからない学生には、かなり丁寧に付き合う。こちらからテーマを押し付けることは少ない。「修士論文はリサーチのみで、事例研究は認めない」などの制限もしない。理論研究、事例研究、質問紙研究、質的研究等々、方法は問わず、内容で勝負してもらうこ

とにしている。

　臨床心理学では、臨床経験が非常に大事である。臨床家は、臨床経験の中で自分と向き合うことで鍛えられるからである。本の世界だけでは、とてもではないが臨床のエッセンスはわからない。それだけ臨床経験の持つインパクトは大きいのである。中井久夫先生は「新しい治療法というのは、クライエントさんからの贈り物だ」という意味のことをおっしゃっている。これは非常にいい言葉で、私はなるべく臨床経験からヒントを得た自分の課題を持って事例研究に取り組むことにしている。したがって、修士課程のときにリサーチをやらなければいけないといったルールを私は作らない。新しいこと、創造性（creativity）、その人自身が心からおもしろいと思えること、これが大事だと信じている。

（4）リソースネットワークを活用する

　私は、個人スーパーヴィジョン（SV）をあまり実施できない臨床家である。PCAGIP（ピカジップ）やベーシック・グループというグループSVのようなことは行うが、個人SVは別のセラピストにお願いする。その際に、九大時代のネットワークが役に立っている。スーパーヴァイザーは学生が自分で選んでもいいし、私が紹介してもいいが、学生にはどこに行っているのかは報告してもらっている。神田橋條治先生をはじめ、多くの先輩にお世話になり、大学院生を育てていただいている。

（5）臨床経験から経験則を導き出す

　臨床心理学では、臨床経験を積むと、成功していくプロセスのイメージが出来上がってくるものである。私の例を挙げておきたい。例えば、エンカウンター・グループの臨床経験を数多く積むと、自分の中にプロセスのイメージができてくる。それをプロセス論として表現してみるという方法がある。これは、ファシリテーターにとっては地図になる。私は、臨床実践家の役割で大切なことは地図を提供することだと考えているが、これは

必ずしもリサーチの中から出てくるわけではない。自分が取り組んでいる大切なこと、臨床経験を明確に仮説化することが重要なのである。この仮説を検証するためにリサーチをすればよいのであって、リサーチから出発する必要はない。また、研究は分業すればいいので、一人がすべてをやる必要はない。私はあまりリサーチが得意ではないので、仲間と一緒にリサーチに取り組むことが多いが、その仮説の部分を臨床経験から提起するという役割を果たしてきたと思っている。

4. 自己実現モデルのための研究環境の整備

ここでは、大学院生の自己実現のために私が大切にしてきた研究環境のことを述べてみたい。

(1) 多様性を尊重する雰囲気・土壌・環境を作る

九州大学教育学部時代のことを思い出して考えてみる。精神分析の前田重治先生の助教授としてPCAの私が雇われた。そもそも、このようなこは九大だからあり得たのである。当時の九大にはいろいろなオリエンテーションの人を集めたいという土壌があって、このような人事が行われたのである。前田先生も私を自由にさせてくれた。私は「児童」の分野で雇われたのだが、エンカウンター・グループにばかり取り組んでいた。その分を、前田先生がカバーしてくれたのである。

私のところに来た学生が「行動療法を学びたいから山上敏子先生のところへ行かせてもらえないか」と言ってきたときには、それが君のやりたいことなら、と送り出した。PCAと行動療法は理論的には対立していると思うが、当時はそういうことができたのである。山上先生は行動療法が専門だが、PCAで言うところの共感力の優れた人である。一方で、PCAを専門にする人が本当に共感ということを理解しているのかと思わざるを得ないこともある。あるシンポジウムで、山上先生に「先生の理論では共感ということをおっしゃらないのか」と尋ねると、先生は笑って、「村山さ

ん、行動療法には関係論はないのです」と言われた。これはとても大事なことで、私は、理論というものは必ずしも現実を反映していないことを学んだ。

(2) 自由な議論の場を用意する

　私は、「リサーチ研」と称して学生たちの研究発表の場を作ってきたが、学生たちから、それが後々とても役に立ったと聞いている。リサーチ研は、今取り組んでいるPCAGIPと近いのだが、話題提供した人を責めない、否定的なコメントをしない、話題提供した人をできるだけ理解しようという雰囲気を作る、といったルールで運営される。そうすると、どんどんアイディアが豊かになり、さらに展開がある。卒業生を見ていても、広い意味でのPCAであり、PCAを理解しながら認知行動療法や精神分析を取り入れていたりする。つまり、その人に合ったやり方なり理論を作っている。いろいろなことがディスカッションできる場というのは、自分の持ち味を生かしたセラピストや研究者を生み出すのに役立つのではないかと感じている。ゼミもできるだけこのような形で運営することを念頭に置いている。

(3) 大学院生相互の交流を盛んにする

　私のゼミには、他の研究室の学生がたくさん来ていた。他の研究室との交流は、とても楽しい。理論やオリエンテーションを超えてディスカッションをすることが、日本の心理臨床を豊かにしたり、諸理論を統合するというようなことを考えたりするときに大事なことではないかと思う。いろいろなイデオロギーの違いがあっていい。しかし、臨床については、共通した何かが持てるような気がしている。

(4) 共創モデルを大切にする

　私は学生と一緒に仕事をすることが好きである。自分にはできないこと

がたくさんあるということを知っているので、学生の力を借りたい。例を挙げよう。10年間ほど日本でフォーカシング・フォーラムということをやっていた。フォーカシングに取り組んでいる人、大学院生を集めて、何人かがトレーナーになってフォーカシングをする、そしてその後にフォーカシングについてディスカッションをするというワークショップである。私の研究室は、結果的に、エンカウンター・グループとフォーカシングの研究者が多い。要するに、個人で仕事をするというよりも、できるだけ仲間を集めて相互に刺激し合いながら進めていく、そういうやり方の結果であると思う。福岡人間関係研究会もそうである。仲間と一緒に仕事をするフィールドを創ること、これが私の役割の大きな部分ではなかったかと思う。私は、学生を教えるというよりは、学ぶ場を一生懸命創ってきたという気がしている。それを最近では、吉川麻衣子にならって「共創モデル」と呼んでいる（本書第3章参照）。

5. 大学院生の成長への留意点

大学院生の自己実現を中心に据える自己実現モデルにとって、その人自身がどのような人であるのかを理解し、どのように接するのがその人の成長にとって一番良いのかを考えることは常に必要である。ここでは、大学院生の成長にとって留意すべき点をいくつか挙げる。

(1) 大学院生の特質を知る機会を作る

授業以外の旅行などの場面で、その人の良いところが見えてくるので、そういう機会を大事にしている。当然、研究発表はしっかり聴く。カンファレンスなどでも、その人の臨床家として得意なところを見ようとする。授業だけではなく、できるだけ他の社会的場面で学生と接触し、その人の特質を知ろうとするよう努力している。

(2) 迷うことを許す

　今の日本社会は、できるだけ早く、能率よく解答を出すということに重きが置かれている。大学教育でもそういうところがあり、私は、これは創造性を失わせる傾向だと思っている。これでは、様々な問題に対して、いい知恵が出てこないのではないだろうか。自伝を読むと、青年時代、ロジャーズは大いに迷っていた。人間は、迷う中で自分なりの何かを、自分が一生大事にしたい志を見つけていくものである。したがって、迷うことを許さないというのは、学生のオリジナリティを損なうことになるのではないだろうか。学生の迷う姿を見守らなければならないと思う。

(3) 成長には個人差が大きい

　エンカウンター・グループに長年取り組んできた経験の中で、数多くのリピーターに出会った。そういう人たちを長く見ていると、人間は確実に変化するということ、その変化の度合いは人によって違うこと、人間の成長は右肩上がりではなく波があるということがわかる。その学生がどのように伸びていくのか、その個人差を教員は考えておかなければならない。

(4) 成長を待つ

　グループ体験で感じることだが、グループというのは、なかなかうまく展開しないことがよくある。ファシリテーターがそこであきらめると、グループが展開する芽をつんでしまうことになる。しかも、行き詰まれば行き詰まるほど、それがグループが展開していく芽となることが多い。あきらめずに見守っていると、その芽が展開していくことがある。成長を信じて待つという姿勢が大切であることを学んでいる。

(5) 一人ひとりを尊重する

　このことの大切さは、これまでの話から理解してもらえると思う。

6. まとめ

　大学院生を指導・養成・訓練するカリキュラムの原理として、科学者－実践者モデルでもなく、実践者－科学者モデルでもない、第三の道である自己実現モデルを私自身の体験から記述してきた。大学院生それぞれの志、夢、興味、関心を大切にし、専門性と人間性を統合した人間が育つことを目指す中で、私は、指導教員というよりも、ファシリテーターの役割を果たしてきたと感じている。大学院生一人ひとりが自らの長所を見つけ、理解し、磨いていける場を創ることにエネルギーを使い、工夫を凝らしてきたのである。

　その結果として、狭い意味でのPCAの研究者・実践家だけでなく、PCAを理解しながら認知行動療法や精神分析、フォーカシング、家族療法など様々な流派の考えを取り入れた人が育っている。特定のイデオロギーに引っ張られずに臨床実践を進めていくために、私は大事だと思う新しい視点をいろいろと取り入れてきた。私のゼミからは、そうして自分のやり方を創っていく人が出てきているように思う。

　読者のみなさんも、自分の興味・関心を大切に育みながら、それぞれのやり方で、心理臨床の学びを深めていってほしい。

参考文献

(1) ロジャーズ，C. R. 村山正治（編訳）(1967). 人間論　ロージァズ全集12　岩崎学術出版社
(2) 村山正治（1990). 心理療法家養成の"Scientist-Professional Model"をどう考えるか　心理臨床学研究, 7 (3), 1-4.
(3) 村山正治（1993). エンカウンターグループとコミュニティ——パーソンセンタードアプローチの展開　ナカニシヤ出版
(4) 村山正治（編著）(2003). コミュニティ・アプローチ特論　放送大学教育振興会
(5) 村山正治（2005). ロジャースをめぐって——臨床を生きる発想と方法　金剛出版

(6) 福岡人間関係研究会（2010）．エンカウンター通信400号記念特集号
(7) 村山正治・中田行重（編著）（2012）．新しい事例検討法PCAGIP入門――パーソン・センタード・アプローチの視点から　創元社
(8) 村山正治（編著）（2014）．「自分らしさ」を認めるPCAグループ入門――新しいエンカウンターグループ法　創元社
(9) 村山正治（2014）．大学院生の指導・養成・訓練をめぐって――私の作法　日本カウンセリング学会第47回大会招待講演（未公刊）
(10) 村山正治（印刷中）．福岡人間関係研究会・あるパーソンセンタードコミュニティの創設・展開・活動から学んだこと　大正大学カウンセリング研究所50周年記念出版（金剛出版より2015年刊行予定）

編者あとがき

　いかがだったでしょうか。
　みなさまそれぞれに、心理臨床を学びたい理由・背景があるはずです。大学院に進学して心理臨床の研究者・実践家を目指そうと考えてはいないけれども、心理臨床の世界に興味があるという方もおられるでしょう。大切な誰かのために、そして、自分自身のために心理臨床を学びたいと思っている方もおられるでしょう。私自身は、1995年の阪神・淡路大震災を経験したことが契機でした。物理的な復旧・復興が年ごとに進行していく中で、人の心の回復はそうはいかないということを目の当たりにして、心理臨床を学びたいと思うようになり、臨床心理士の資格を取るために大学院への進学を決めました。ところが、専門的に学んでいくにつれて、悶々とした気持ちが強まっていく感覚がありました。書物や文献を読めば読むほどわからなくなる感覚でした。学び始めの人たちと接していると、あのときのあの感覚は、私だけのものではなく、きっと多くの初学者が経験することなのではないか。その気づきが、本書の企画の一端へとつながっていきました。
　こう言ってしまうと身も蓋もないのですが、心理臨床を学ぼうと思い、最初に手にしたのが本書だったという方はおそらく少ないのではないでしょうか。書店には高著がずらりと並んでいるはずです。学び始めの時期は、何か確かなことが記されていることが期待できる本に触れるほうが安心しますから。確かに、臨床経験豊かなベテランの先生の本を読むと、学んだ気になれます。もっと知識を深めたいと思い、他の本にも触れようとします。もう何冊かお読みになっている方もおられるでしょう。しかし、あるとき、ふと気がつくでしょう。例えば、初めて心理面接を担当するこ

とになってクライエントを目の前にしたときです。ある先生の本に書かれていた通りにやったはずなのに、うまくいかなかったと落ち込みます。どうしてなのだろうと。また、本を読みあさっていると、先に読んだ本に書かれていたことと異なること、時には真逆のことが書かれている本に出会うことがあります。そんなときには、どれが"正しい"のだろうかと混乱します。さらに、心理臨床を専門とする大学院生の中には、こういう風土の中に身を置いている方がいらっしゃるでしょう。指導教員の研究テーマ以外のことを卒業論文や修士論文のテーマに選んではいけないとか、「卒論・修論は統計処理を使った調査研究しか認めない」という学びの環境で、何となく違和感を持っているという方です。

　そんな方々に読んでいただけるような本を創りたかったのです。

　心理臨床を学び始めた頃の私は、心理臨床には何か"正しい"やり方があるのだと思っていました。研究についても同様でした。ゼミの中で「"学び方"は学ぶ者の数だけある」と言われても、当時の私は、その真意をなかなか理解できずにいました。しかし、心理臨床の実践を通して多くの方の人生に触れ、筆舌に尽くしがたい人の心の機微に触れ、その奥深さを感じるにつれて、"正しさ"は、今ここで起きている現象の中にこそ在るのだという実感を持つようになっていきました。自分が納得のいくまで研究テーマと付き合ってみることで見えてくることがあるのだと知りました。そして、学びの途上である今、心理臨床を学ぶことは、人生を学ぶことなのかもしれないと感じています。まさに、"鉱脈を探す"ことと"体験を深める"ことの積み重ねが心理臨床の学びなのだと。もしも、かつての私自身に声をかけるとしたら、「迷いながら学び続けていけばいい、安心して学んでいけ」と伝えるでしょう。私を含め、執筆者の全員が村山正治先生のもとで心理臨床を共に学んできました。個々にとっての"学び方"を支えてくださった村山先生には、読者の方たちによりよく理解していただくために、監修と特別寄稿の労をお取りいただきました。特別寄稿の内容をお読みいただくと、この本の中に書かれている"鉱脈を探す"ことと"体

験を深める"ことが、どのような心理臨床の教育観に基づいて進められてきたかを理解していただくことができると思います。

　実は、私は編者の一人であるにもかかわらず、本書を出版することへの不安をずっと感じていました。私たちは、大学院の博士課程で心理臨床を学び、臨床家・研究者として歩み出してまだ十数年の若手から中堅に位置づけられている者たちです。こんな私たちが本を出版してしまっていいのだろうか、同期生の記念文集になってしまわないだろうか、ただの自己満足で終わってしまわないだろうか、という思いを拭い去ることができずにいました。しかし、全体を通して読んでみると、各執筆者が自分自身の体験を言葉にするのにどれだけ苦悩したのかが想像できます。その一つひとつの体験のエピソードは、これから心理臨床を学ぼうとする方にもきっと訪れるであろうことばかりです。かつての自分へ声をかけるように紡ぎ出された執筆者の言葉が、読者のみなさまにとっての何らかのエールになればという想いでいます。

　最後になりますが、本書の刊行にあたっては、創元社の渡辺明美氏と柏原隆宏氏に大変お世話になりました。執筆や編集に不慣れな私たちを根気強く支えてくださいました。深く感謝申し上げます。

2015年3月

吉川麻衣子

執筆者紹介（執筆順）

木村太一（きむら・たいち）　　第1章

1980年生まれ。九州産業大学大学院国際文化研究科博士後期課程単位取得満期退学。修士（学術）、臨床心理士。専門は臨床心理学、人間性心理学。現在、福岡国際大学・福岡女子短期大学学生相談室講師・専任カウンセラー。

川﨑佐加恵（かわさき・さかえ）　旧姓：加地（かじ）　　第2章

1984年生まれ。九州産業大学大学院国際文化研究科博士後期課程単位取得満期退学。修士（文学）、臨床心理士。現在、ARS LOCUS（アーズローカス）～おとなの小学校～運営。
〈主著・論文〉
「心理アセスメントを活用した生徒支援プログラム――サテライト開設初年度におけるストレスアンケート実施の実際」（共著，九州産業大学大学院臨床心理センター臨床心理学論集，6，3-12．）

吉川麻衣子（よしかわ・まいこ）　　第3章　編者

1975年生まれ。九州産業大学大学院国際文化研究科博士後期課程単位取得満期退学。博士（文学）、臨床心理士。専門は臨床心理学。現在、沖縄大学人文学部准教授。
〈主著・論文〉
「沖縄県の高齢者を対象とした戦争体験の回想に関する基礎的研究」（共著，心理学研究，75(3)，269-274．）
「戦争体験からの回復過程に影響を及ぼす要因に関する探索的研究――沖縄県高齢者の生活史調査と調査研究を通して」（研究助成論文集（明治安田こころの健康財団），39，131-140．）
『サポート・グループの実践と展開』（分担執筆，金剛出版，2009年）
『戦争体験の継承――語りなおす現場から』（分担執筆，社会評論社，2011年）

緒方　泉（おがた・いずみ）　　第4章

1957年生まれ。九州産業大学大学院国際文化研究科博士後期課程修了。博士（文学）。専門は博物館教育。現在、九州産業大学美術館教授。
〈主著・論文〉
『集団回想描画法入門』（あいり出版，2011年）
『子どもの生活体験学習をデザインする』（共編，光生館，2010年）

執筆者紹介

井出智博（いで・ともひろ）　第5章　編者

1976年生まれ。九州産業大学大学院国際文化研究科博士後期課程単位取得満期退学。博士（文学）、臨床心理士。専門は臨床心理学、福祉心理学。現在、静岡大学教育学部准教授。
〈主著・論文〉
「児童養護施設児童に対する集団法によるClearing a Space適用の試み——児童養護施設心理職による実践とその効果についての実証的，事例的検討」（心理臨床学研究，26（1），35-45．）
「福祉心理学に求められる社会的養護の課題と展開——Evidenceを巡って」（福祉心理学研究，11（1），15-18．）

森田　智（もりた・とも）　第6章

1978年生まれ。九州産業大学大学院国際文化研究科博士後期課程単位取得満期退学。臨床心理士、スクールカウンセラー。

白井祐浩（しらい・まさひろ）　第7章

1979年生まれ。九州産業大学大学院国際文化研究科博士後期課程修了。博士（文学）、臨床心理士。専門は臨床心理学。現在、志學館大学人間関係学部講師。
〈主著・論文〉
『じぶん&こころまなぶBOOK』（分担執筆，培風館，2014年）
『「自分らしさ」を認めるPCAグループ入門——新しいエンカウンターグループ法』（分担執筆，創元社，2014年）
「PCAグループ的視点から見た学級集団形成尺度の作成」（心理臨床学研究，28（4），523-528．）
「セラピスト・センタード・トレーニングの意義——『正しい臨床』から『私の臨床』へ」（共著，志學館大学大学院心理臨床学研究科紀要，7，3-11．）

小林純子（こばやし・じゅんこ）　第8章

1977年生まれ。九州産業大学大学院国際文化研究科博士後期課程単位取得満期退学。修士（学術）、臨床心理士。専門は臨床心理学。現在、志學館大学人間関係学部助教。
〈主著・論文〉
『じぶん&こころまなぶBOOK』（分担執筆，培風館，2014年）
「虐待を受けた子どもとの3年間のプレイセラピーによる心理的変化過程——『過去の体験イメージの余波』をめぐる，今ここでの繋がりの重要性」（人間性心理学研究，28（2），177-189．）

都能美智代（つのう・みちよ）　　第9章

1960年生まれ。九州産業大学大学院国際文化研究科博士後期課程単位取得満期退学。修士（文学）、臨床心理士。専門は学生相談、企業相談、緩和ケア。現在、九州産業大学学生相談室相談員、立命館アジア太平洋大学カウンセリングルームカウンセラー、社会医療法人喜悦会那珂川病院スタッフケア心理士。

〈主著・論文〉

「がんと共に生きる人のサポートグループ参加体験の意味とファシリテーターのあり方——参加者のインタビューを通して」（九州産業大学大学院修士論文，未公刊）

『サポート・グループの実践と展開』（分担執筆，金剛出版，2009年）

『パーソンセンタード・アプローチの挑戦——現代を生きるエンカウンターの実際』（分担執筆，創元社，2011年）

村山正治（むらやま・しょうじ）　　特別寄稿　監修者

京都大学大学院教育学研究科博士課程修了。教育学博士、臨床心理士。専門は臨床心理学、人間性心理学。現在、東亜大学大学院総合学術研究科臨床心理学専攻教授・専攻主任、九州大学名誉教授。

〈主著・論文〉

『ロジャースをめぐって——臨床を生きる発想と方法』（金剛出版，2005年）

『新しい事例検討法PCAGIP入門——パーソン・センタード・アプローチの視点から』（共編著，創元社，2012年）

『「自分らしさ」を認めるPCAグループ入門——新しいエンカウンターグループ法』（編著，創元社，2014年）

お読みいただき、ありがとうございました。
私たちは、読者のみなさまとの交流をさらなる学びにつなげていきたいと思っております。
どうぞお気軽に、本書についてのご感想をお聞かせください。
本書に挟み込まれているハガキを創元社にご送付いただくか、下記までメールをいただければ幸いです。

shochan2015@yahoo.co.jp

心理臨床の学び方
鉱脈を探す、体験を深める

2015年6月10日　第1版第1刷発行

監修者────村山正治
編　者────井出智博
　　　　　　吉川麻衣子
発行者────矢部敬一
発行所────株式会社 創元社

〈本　社〉
〒541-0047　大阪市中央区淡路町4-3-6
TEL.06-6231-9010(代)　FAX.06-6233-3111(代)
〈東京支店〉
〒162-0825　東京都新宿区神楽坂4-3 煉瓦塔ビル
TEL.03-3269-1051
http://www.sogensha.co.jp/

印刷所────株式会社 太洋社

©2015, Printed in Japan
ISBN978-4-422-11590-0 C1011
〈検印廃止〉
落丁・乱丁のときはお取り替えいたします。

カバー写真　Sunny Studio / Shutterstock.com
装丁・本文デザイン　長井究衡

JCOPY 〈(社)出版者著作権管理機構 委託出版物〉
本書の無断複写は著作権法上での例外を除き禁じられています。複写される場合は、そのつど事前に、(社)出版者著作権管理機構(電話03-3513-6969、FAX 03-3513-6979、e-mail: info@jcopy.or.jp)の許諾を得てください。